学校の先生・SCにも知ってほしい

不登校の子どもに何が必要か

増田健太郎 編著
九州大学大学院教授・臨床心理士

慶應義塾大学出版会

はじめに――「不登校ゼロ」は、本当によいことなのか

子どもたちの明るい声がこだまする学校は素敵です。学校での研修や調査等で、幼稚園から高校まで行く機会が多いのですが、どんなに疲れていても、子どもたちの「澄んだ瞳」と「明るい笑顔」に接すると元気になります。それは日本だけでなく、海外でも同じです。フィンランドのオウル市で、小学校・中学校・高校の先生の家にホームステイをしながら、一カ月間、総合学校（小・中一貫校）で授業観察や授業をさせてもらったとき、子どもたちの澄んだ瞳と笑顔に何度も救われました。オーストラリアのメルボルン市の小学校に調査に行ったときも、子どもたちと一緒に遊ぶだけで海外調査の疲れが癒されました。

調査訪問を受け入れてくれる学校には、日本でも海外でも、五つの共通の要因があります。一つめは校長先生の理解がある、二つめは先生同士の協働性がある、三つめに先生たちが自然体である（よいところも悪いところもオープン）、四つめは先生たちからも子どもたちからも、気持ちのよい挨拶が返ってくる、五つめは学校がきれいであることです。逆に考えると、調査や

学校訪問を断る学校は、前述の五つの要因のどれかが足りないのかもしれません（学校の要因、改善の視点については、第2章－3で詳述します）。

「不登校児童生徒をゼロにする方法」は、長期的に考えると難しい問題ではありません。このまま少子化が続くと、やがて子どもたちはゼロになり、必然的に不登校児童生徒はゼロになります。もう一つは、一九八〇年代にイヴァン・イリイチが提唱した「脱学校論」の徹底です。つまり、学校制度から脱却し、内発的動機付けを土台とした独学をさせることです。現代的にアレンジすると、学校という物理的建物をなくし、ITを駆使してネット環境の中で学校を構築し、家で学習させることです。そのほうが、教育予算もかからずに、不登校もいじめも教師のうつも、保護者のクレーム、そして、子どもの自殺もなくなるかもしれません。

「不登校児童生徒をゼロにする」ことを目標としたり、それを自慢する校長先生がいたりします。それは、不登校や不登校傾向の子どもたちや保護者に有形無形の圧力となっています。担任が不登校の子どもを迎えに行ったり、毎日学校に来るように電話をかけます。担任が電話をかけても学校に来ない場合は、校長が保護者に電話をかけたりします。「熱心」であればあるほど、登校刺激を繰り返します。それは不登校の子どもたちや保護者にとって、本当に「刺激的」であり、最悪の場合、取り返しのつかない悲劇を生みます。その最たる例が、いじめ自殺です。二〇一五年七月五日岩手県矢巾町中学二年生、二〇一一年十月十一日滋賀県大津市中学二年生、二〇〇六年十月十一日福岡県筑前町中学二年生、二〇一〇年十月二十三日群馬県桐生市小学校六年生……。この子どもたちがもし不登校になっていたら、尊い生命は守られたはずです。大きな悲しみと強い憤りを感じざるを得ません。学校に行かない権利があることを強調したいと思います。不登校を是認するわけでも、登校刺激が悪いと言っているわけでもありません。一つひとつのケースを、しっかりと見極めることが大切なのです。

二〇一五年九月には、児童生徒の自殺特異日があることへの警鐘がマスコミでも取り上げられ、新学期の始業式前後が要注意であることが喧伝されました。不登校やいじめ、自殺など、事後対応ではなく、事前対応、つまり予防がなによりも求められます。

人間が二人以上集まるとトラブルが起きることは当然のことです。そのトラブルから、子どもたちは「何を学ぶか」、教師からすると「何を学ばせるか」が大切です。その前提として学校は「安心・安全な場」であり、生命が保障される必要があります。子どもたちにとって学校に行って学ぶことは「権利」であり、教育行政や学校・保護者は子どもたちを学ばせる「義務」があります。その権利と義務の条件は、学校が「安心して学べる場所」であることです。不登校児童生徒ゼロは、目標ではなく、「結果としてのゼロ」なのです。

本書では、不登校を少しでも減らしていくため、不登校をどのような文脈で理解し、支援していくのか、臨床心理学・精神医学的な理解と具体的な支援の方法を、各章で論じています。我が子が不登校になったときの親の悩みはとても深いものです。また教師やSCは、予防教育をはじめ、不登校になったときの早期対応・専門機関との連携など、子どもや保護者への具体的支援が必要です。学校や教師は、年度単位で時間的区切りがありますが、不登校児童生徒本人や親にとっては、人生という長いスパンの問題です。

本書が少しでもお役に立てば幸いです。

二〇一六年二月

増田健太郎

目次

第2章　学校、教師やスクールカウンセラーの対応

序　章

不登校の現状と取組み

不登校児童生徒の実態

●不登校児童生徒数の経年変化と出現率の変化

文部科学省（以下、文科省）の学校基本調査によれば、児童生徒の不登校の数は平成十三年までは急増しており、その後増減は繰り返しているものの、減少傾向であることが読み取れます。しかし、平成二十五年度からは小学校・中学校とも増加に転じています（図1）。

不登校対応のために、スクールカウンセラー（以下、SC）が、平成七年度から文部省（当時）が開始した「スクールカウンセラー活用調査研究委託事業」として始められ、現在では全校へのSCの配置を目指しています。また、文部科学省によって平成十八年度から「スクールソーシャルワーカー活用事業」が開始され、スクールソーシャルワーカー（以下、SSW）が、地方自治体ごとに雇用されています。しかし、SCとSSWが非常勤や嘱託であることから、日常的な対応を行うために、地方自治体によっては不登校対応教員を配置しているところもあります。

様々な対応をとっているにもかかわらず、不登校児童生徒数は平成二十五年度、二十六年度

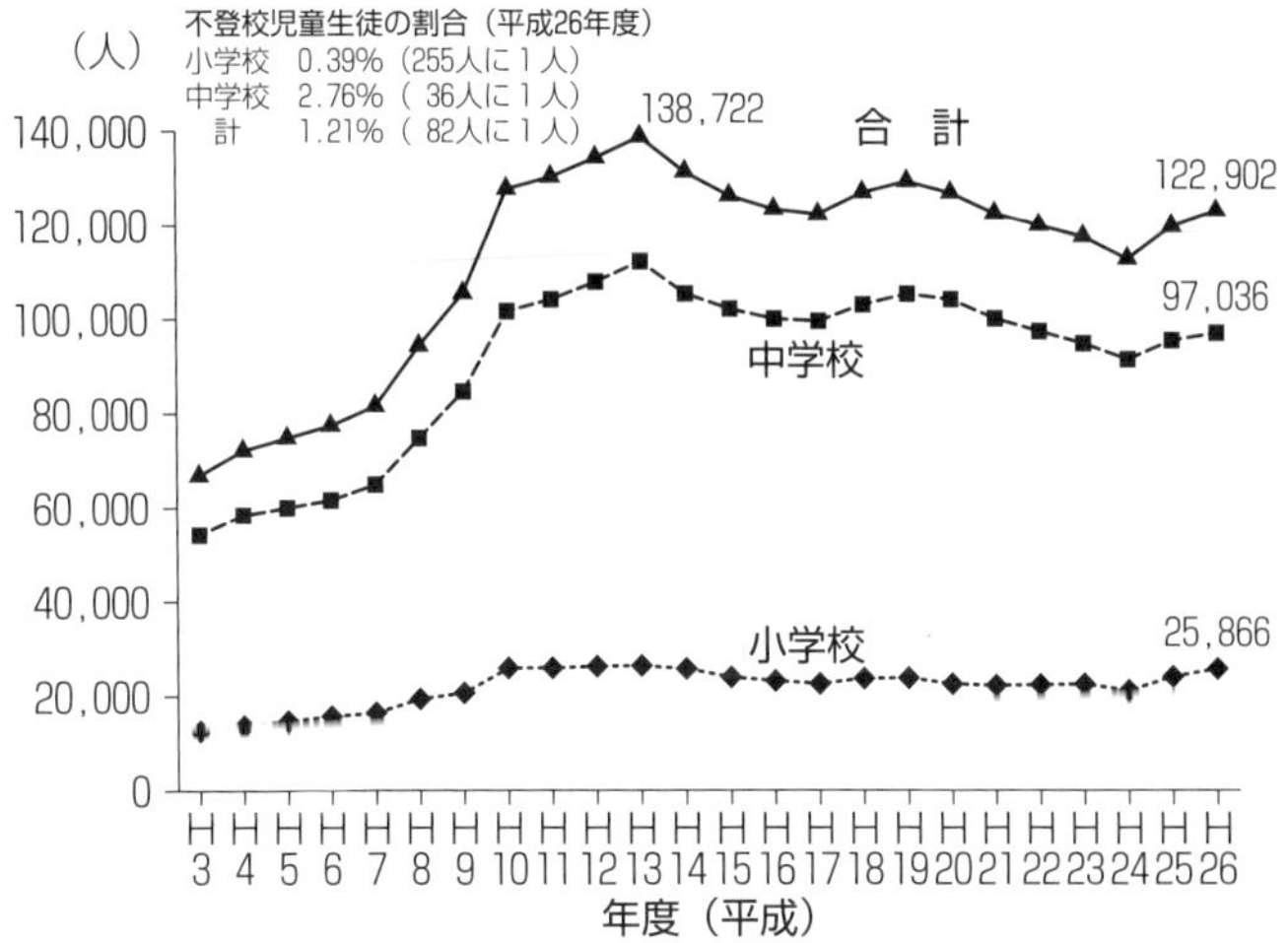

図1●不登校児童生徒数の推移

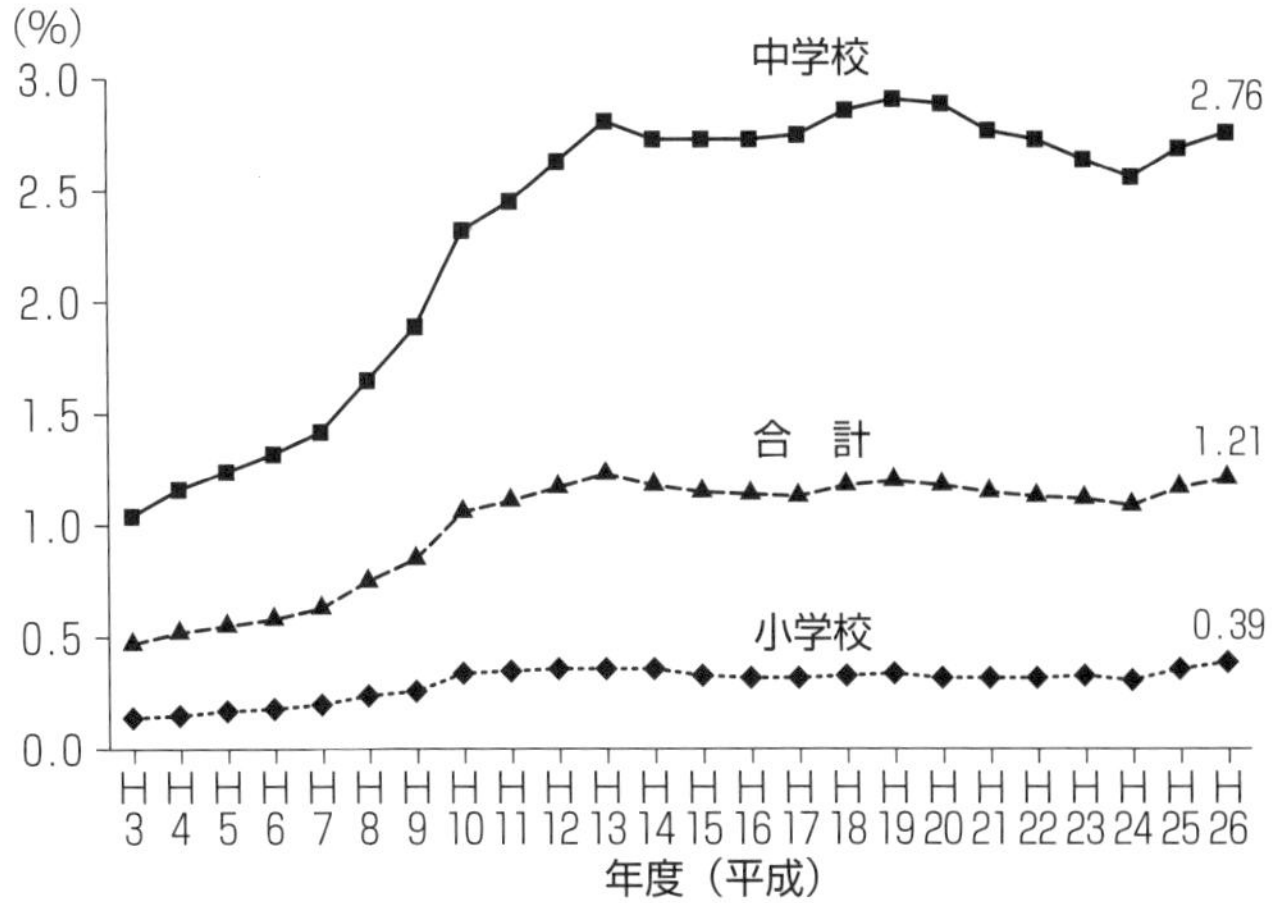

図2●不登校児童生徒の出現率の推移

出典：図1、2とも文献1より。

ともに増加、出現率も中学校では平成二十四年度の二・五六から二十六年度の二・七六に増加しており、特に、小学校の不登校児童の出現率は平成二十六年度では〇・三九％と過去最高を更新しました[1)]（図２）。

その背景は、大別すれば、社会的要因・学校要因・家庭的要因・本人の要因が考えられます。教育改革による教師の多忙化、発達障害児童生徒の二次的障害としての不登校、教育ネグレクト、学校でのいじめや学級崩壊の問題、保護者の価値観の多様化など様々な要因が複雑に絡み合っての現象であろうと思われます。

臨床心理の専門家としては、要因や背景を考えることは大切であり、その際の視点は、河合隼雄の言うように「じっくりと取り組むべきか、短期に解決してしまうのか、期間はどのぐらいか、本人や家族の誰に焦点をあてるべきか[2)]」の「見立て」が重要であり、本人や保護者、学校にどのように助言をするのかは、原則は持ちつつも、ケースバイケースです。

多くの論者が指摘しているように、不登校の要因を求め過ぎると、責任論になり、学校や家庭、社会の問題に帰結されてしまいます。要因を探り、その要因を解消することは必要ですが、児童生徒が不登校になったときに、どのように対応するのかを行政、学校、保護者、そして専門家が具体的な対応策を提案し、実践していかねばなりません。

不登校児童生徒への対応

●マクロ的な対応

不登校児童生徒の問題は、自死やひきこもりとの相関も高く、文科省や各地方自治体においても、SCやSSWの派遣、不登校対応教員の増員、適応指導教室の設置促進など多様な施策を行っています。さらに、次のような対応が検討され実施されようとしています。

平成二十五年十二月二十一日の中央教育審議会答申[3)]では、学校外の校医・SC・SSW等を積極的に活用するために「チーム学校」という理念を掲げ、学校教育法の改正を行い、二〇一七年度の導入を目指しています。

平成二十五年度の補正予算ではフリースクールなどで学ぶ児童生徒に対する支援を六億円とし、平成十六年度に策定した『フリースクール等で学ぶ不登校児童生徒支援への支援モデル事業』を前倒しして、低所得者に対してフリースクールで学ぶための経済的支援を打ち出しています。また、教育支援センター（適応指導教室）の設置が各地方自治体で六割であるために[4)]（図3）、教育支援センターの設置促進と、家庭訪問での学習指導・進路指導を行うためのコーデ

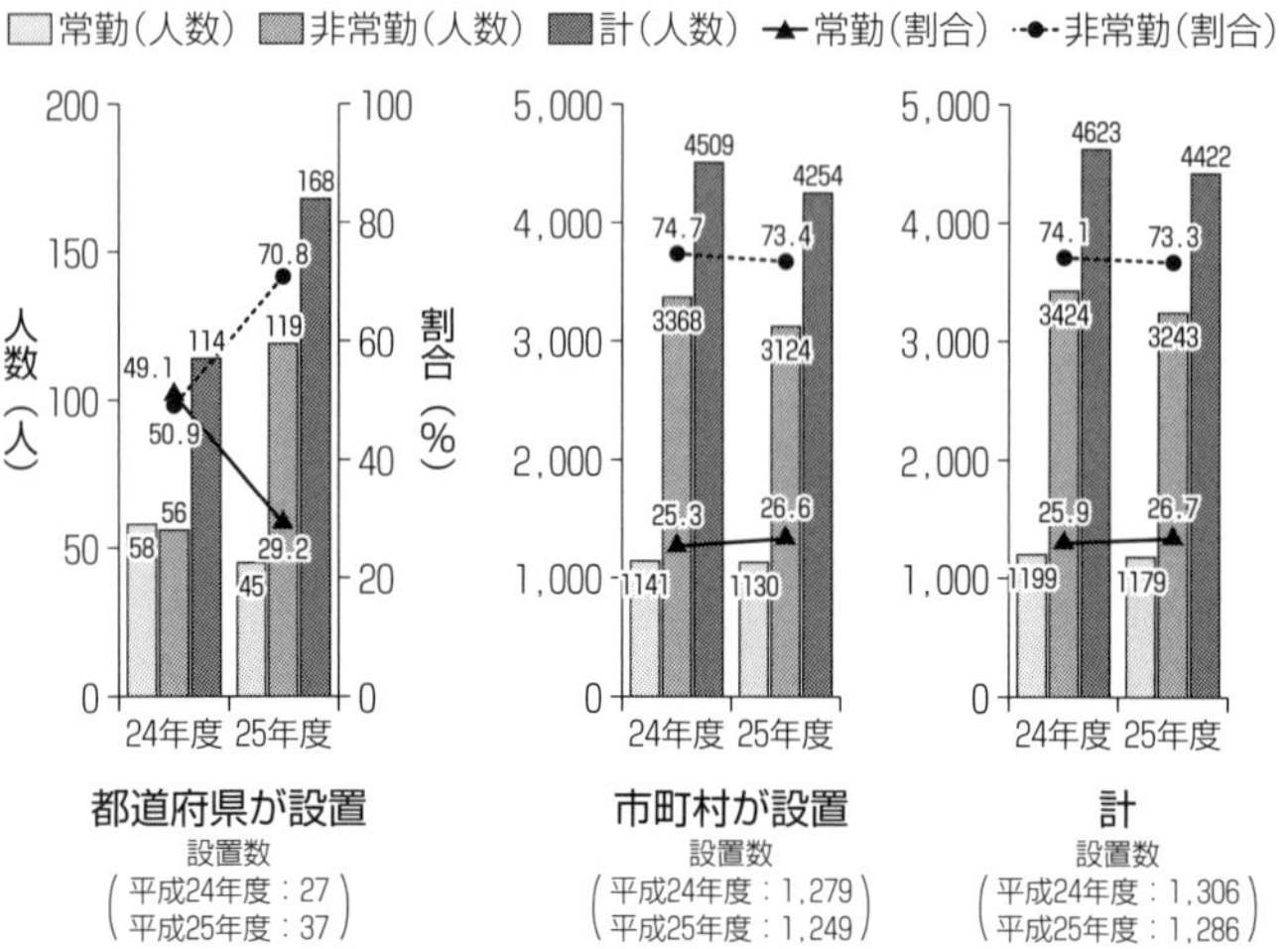

図3●「教育支援センター（適応指導教室）」の状況

出典：文献4より。

イネーターの配置なども検討しています。学校以外に子どもの居場所を作ることは、児童生徒や保護者の孤立感を防ぐとともに、学校や社会復帰に向けてのサポートとしてとても有効だからです。学校にも教育支援センターにもつながっていない児童生徒を支え、孤立感を防ぎ、社会的資源などの情報提供を行うためにも、家庭訪問などを専門とする人の配置が学校との協力のもと行われれば、有効な方法となります。

　チーム学校の理念は、「知・徳・体」の全人教育をも求められてきた教員にとって、負担感や多忙感を減らし、医療・臨床心理・社会福祉の専門的知見とスキルを取り入れることが可能になる制度といえます。

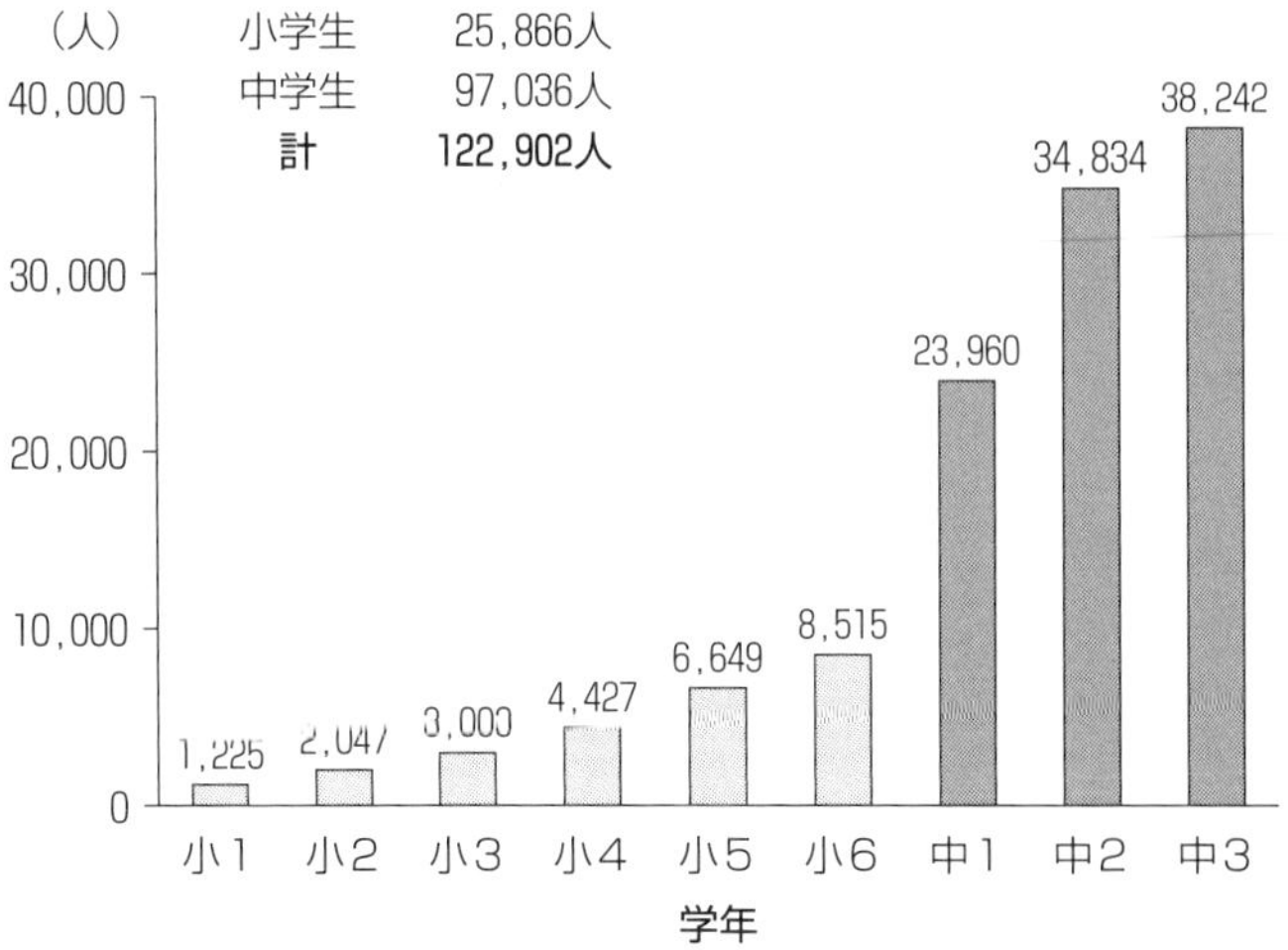

図4●学年別不登校児童生徒数（平成26年度）

出典：文献1より。

しかし、不登校対応もいじめの対応も、まず法律を整え、調査を行い、効果検証をすることが求められます。形骸化しないためには、不登校児童生徒や保護者のこころの声に届き、かつ、学校現場の先生の多忙感が軽減されるものでなければなりません。現場の先生の意見を聞きながら、学校の実情に応じた実効性のある仕組みを作ることが、何よりも肝要です。

●中1ギャップへの対応

平成二十六年度の中学校一年生の不登校生徒の数は、小学校六年生の不登校児童の数の約二・八倍です（図4）。この傾向は近年変わっていません。これは、小学校時代に潜在化していたものが中学校になって顕在化した、また、小学校と中学校の学校文化の差の中で不適応を起こした、という二つの要因が考えられます。

そのため、小・中学校の学校文化の非連続性を解消するために、近年は小中一貫校の設置など、制度的な変革を行われています。しかし、いまだに中1ギャップは解消されていません。担任制から教科性へ、単元別テストから定期テストへ、学校の規則の厳格化、部活動での先輩後輩という縦社会の人間関係など、中学校の文化は小学校の文化と大きく異なっています。また発達的にも、児童期から思春期へ移行する難しい段階でもあります。

表1、表2は、二〇一一年に教育委員会の協力のもと、中学校一校・小学校二校を対象に、小学校六年生が中学校生活に対してどのような不安や楽しみを持っているか、また、中学校一年生には、中学校の不安をどのように乗り越えたか、入学後、楽しかったことは何かを筆者らが調査したものです[5)]。

小学校六年生は、中学校に対する漠然とした不安を持っていることがわかります。未知なることに対しては、不安と期待を持つことは当然のことであり、不安と期待は表裏一体のものです。小学校と中学校の非連続性を低減させるためには、小学校六年生に対して、中学校の見学会・体験授業、部活見学・体験、中学校の先生の小学校での出前授業が有効であると考えられ

表１●中学校に対する不安と楽しみ（小学６年生）

（複数回答、N=126）

先生に不安をなくすためにしてほしいこと	
中学校説明会・見学	30%
部活見学・体験	19%
先輩との交流	19%
中学校の先生との交流	11%
いじめ対策	6％
学業	6％
その他	9％
中学校で楽しみにしていること	
部活	50%
友達	24%
勉強	9％
行事	5％
その他	12%

表２●不安をどう乗り越えたか、うれしかったこと・楽しかったこと（中学１年生）

（複数回答、N=169）

不安をどのように乗り越えたか	
友達	49%
積極的行動	12%
先輩	12%
部活	9％
勉強	7％
その他	11%
中学校でうれしかったこと・楽しかったこと	
友達	57%
部活	22%
先輩	8％
先生	5％
勉強	2％
その他	6％

出典：文献５より。

ます。

また、中学一年生の調査では、中学校の不安を乗り越えるものとして、「友達」を挙げています。このことから、入学当初より「構成的エンカウンターグループ」などを行い、自己理解と他者理解、人間関係をスムーズに行う体験型学習を集中的に行うことが有効であることが示唆されます。

通常、年度末に小学校六年生の担任と中学校の担当者の間で情報交換会が行われます。その際に大切なのは、ありのままの子どもの姿を確実に伝えることです。配慮事項としては、中学校で「新たにやり直したい」と考えている子どもも多いため、子どもの良いところも確実に伝えてほしいのです。そのためには、小学校の教員と中学校の教員の信頼関係がとても重要です。

筆者が関わっているある自治体では、日常的に校区単位で、小・中学校の研修会・出前授業等とともに懇親会をも持ち、双方の信頼関係をきずくことができるように、教育委員会がリーダーシップを発揮しています。中学校で不登校になったり、いじめに遭ったとき、小学校の先生も社会的資源として位置づけられており、情報交換をしたり、保護者や生徒のサポートを行っています。日常的な交流の中で構築されていく小学校と中学校の教員同士の信頼関係が、児童生徒の問題解決の基盤といえます。

●事例を通して、学校と保護者の対応を考える

子どもが不登校になったとき、保護者は、学校は、どのように対応したらよいのか、悩むところです。ここでは、事例を通して、原則的な対応を記します。

まず基本は、「元気になること、関係を育むこと」です[6)]。

最初は、「体調不良でお休みします」という体の不調を理由とした保護者からの連絡から始まることが多いようです。不登校は初期対応が大切ですから、三日間欠席が続いた場合には、三日目には電話をしてから家庭訪問をすることが必要です。そのときは、必ず放課後に行い、「保護者と本人と話したいこと。本人は会いたくなかったら会わなくてもよいこと」を事前に伝えておき、本人の逃げ道を作っておくことです。こうしておけば、体調の問題だけであれば不登校にはならないでしょうし、不登校の兆しがあれば、その対応をすぐにとることができるからです。早期対応がなにより必要です。

次に挙げる事例から、保護者の対応と学校の対応について検討しましょう。

〈事例〉中学校1年生男子生徒、A君の場合

A君は、多少神経質的な性格もあったが、小学校までは学業成績も優秀で、友人関係も多く、無遅刻無欠席であった。九月になり、学校に行きたくないと母親に訴えるようになり、三日間腹痛で欠席した。母親は、家での腹痛はないので、学校に原因があるのではないかと心配になり、担任に会いに行ったが、「学校では元気に過ごしています。勉強もよく頑張っています。早く腹痛が治って、登校できればいいのですが」という返答であった。

一週間欠席が続いたため、単身赴任であった父親が自宅に戻った際に、「何か学校でいやなことがあったのか」と聞いたがうつむくばかりで、返事がなかった。しかし、「いじめられているのか」と尋ねると、かすかにうなずいた。学級にリーダー格の体格のよい生徒がおり、その生徒が友達をからかっているときに、たまたま、目が合ったことを境に「いやみを言われたり、無視をされたりするようになった」とのことであった。そこで母親が学校に出向き、そのことを相談すると、担任は、「生徒たちに話を聞いたあと、対応します」とのことだけで、家庭訪問もない日々がしばらく続いた。

その時点で、筆者に保護者から相談があった。私がアドバイスをしたのは、「本人が家で元気に過ごせることが大切であること」「スクールカウンセラーに相談すること」「母親だけではなく、父親も学校に出向き、相談すること」「学級の状況を聞くこと」「担任だけではなく、校長・教頭・学年主任同席のもとで相談すること」の五点である。あくまでも第一優先は、本人が「元気になること」である。

不登校になって一カ月が過ぎた頃、家庭では本人は元気になってきたとのことであるが、本人も保護者も学習の遅れが不安になってきた。十月の初旬、学校へ両親が相談に行き、校長・教頭・学年主任・担任と、今後の対応について話し合いの場を持った。その際、

「学級でのいやがらせが原因のようなので、対応をしてほしい」と話したところ、学級の状況があまりよくない状況が感じられるとともに、「グループを呼んで、厳しく指導します」との回答であった。保護者は、その言葉で学校に期待することを諦めたという。

「いじめや不登校など、指定校の変更が真にやむを得ないと認められる事情である場合、通学区域変更届で近隣の学校への転校も可能である」ことを保護者に伝えると、保護者は転校を希望し、学校側も通学区域変更を認め手続きをとった。そして十一月から近隣の中学校に転校した。

転校当初は、新しい環境になじめるか不安で登校を渋ることもあったが、担任が定期的に保護者と本人と面談を続けるなど丁寧な対応だったため、中学校二年生の一学期からは、休むこともなく、中学校を卒業することができた。

＊

不登校生徒が元気になり、再登校をする際は、学級の状態・学校の指導や相談体制がどのようになっているかを考える必要があります。不登校がどのような要因であっても「不登校は重要なサインであり、学校という環境を子どもに合ったものに改変する必要[7]」がある。本事例の場合、学級のいじめが要因なので、本人が元気になっても、学級に戻ると再び不登校になることが考えられます（いじめ対応については、２章－３も参照）。

なによりも、学校・学級は子どもにとって「安全・安心な場」であることが必要不可欠です。学級集団が機能していない場合は、保健室や相談室・職員室など、安心していることができる場所と、相談できる人が必要です。学校は、児童生徒が再登校しても安心できる学級であるのか、相談できる人がいるのかを見極めることが重要です。

保護者は、早めに学校に相談すること、ＳＣやＳＳＷ等の専門家や専門機関に相談するとともに、子どもが家庭内で「元気になる」「楽に過ごせる」ことを第一優先に考えましょう。次に、学校か適応指導教室、自治体や大学などが行っている不登校児童生徒対象のメンタルフレンド等の活用、塾、スポーツクラブ、家庭教師など、少しでも家族以外の人と「関係を育むことができる」ところとつながっておくことが求められます。

不登校の本人も保護者も学級担任も、一人で悩んだり誰にも相談しないことが、一番危険なことです。安心できる誰かにすぐに相談すること、学校はお互いに相談しやすい教職員の関係を作っていくこと、専門機関との連携や関係作りが日常的に求められています。

［文献］
1）文部科学省初等中等教育局児童生徒課「平成26年度『児童生徒の問題行動等生徒指導上の諸問題に関する調査』について」二〇一五年九月十六日
2）河合隼雄『不登校』金剛出版、二〇〇三年
3）文部科学省中央教育審議会「新しい時代の教育や地方創生の実現に向けた学校と地域の連携・協働のあり方と今後の推進方策について（答申）」平成二十五年十二月二十一日
4）文部科学省初等中等教育局児童生徒課「平成25年度『児童生徒の問題行動等生徒指導上の諸問題に関する調査』について」（教育委員会が設置する「教育支援センター（適応指導教室）」の状況）二〇一四年十月十六日
5）増田健太郎・大屋藍子・喜安悠・竹本春香・大川内幸「中1ギャップの要因に関する心理学的検討」、『九州大学総合臨床心理研究』第3巻、二〇一一年
6）田嶌誠一「不登校の心理臨床の基本的視点——密室型心理援助からネットワーク活用型援助へ」、『心理臨床学』第5巻第1号、二〇〇五年
7）内山登紀夫「不登校の臨床的評価とその治療的観点」、齋藤万比古（編）『不登校対応ガイドブック』中山書店、二〇〇九年

（増田健太郎）

第1章

不登校の子どものこころと
不登校支援

Chapter One　不登校の子どものこころと不登校支援

1 不登校という行動の意味——精神科医の立場から

　ここでのテーマは「不登校という行動の意味」である。ふつう、行動とはなにかを「する」ことを指す。けれど、「しない（ことをする）」のもひとつの行動と言えなくはない。学校へ行かない（行けない）のも、ひとつの能動的な「行動」ととらえてみる視点といえようか。ここでは、それを考えてみたい。

一九七〇〜八〇年代前半の不登校

●初期の不登校研究と現在

　日本で最初の思春期精神医学の研究書（一九七二）においてすでに、和田慶治は不登校を次の三種類の現象型にとらえ分けている。[1]

①学校へ行きたいという気持ちは持っているが、いざ登校しようとすると不安になり学校へ行けないもの、
②本人なりになんらかの理由をあげて、登校に関して拒否的な態度を持ち続けるもの、
③明確な理由もなく学校へ行こうとはせず（中略）、いつとはなしに学校へ行かなくなってしまうもの。

②型が、能動的な「行動」としての不登校と考えることができる。「行っても役に立たない」とか「教師の教え方が機械的だ」とか、本人なりの理由が掲げられての不登校である。ここから考えを始めてみよう。

歴史的にいえば、一九五〇年代末から六〇年代初めに現れた最初期の不登校は、ほとんどすべてが①型だった。小学校低学年の児童に現れ、本人自身は学校へ行きたい（行かねばならない）と強く意識しているにもかかわらずどうしても行くことができず、その理由は本人にもわからないというのが典型パターンだった。この現象が見出されたとき、まず問題になったのは、これは「行かない」のか？　それとも「行けない」のか？　であった。

学業が嫌いだったり関心が向かわなかったりして学校に「行かない」子どもたちが決してまれでない事実は、公教育が始まった当初から気づかれていた。これは「怠学」と呼ばれてきた

が、良くも悪くも自分の意志で学校をサボるわけだから、能動的な「行動」である。これに対して、この子どもたちは「行かない」のではなく、たとえば分離不安と呼ばれる心理的な失調のため、行きたくても「行けない」状態に陥っている。これが最初に生まれた不登校理解だった。能動的な「行動」が心理失調によって阻まれた受動的な事態とみる理解である。したがって、このタイプの不登校に対しては、子どもの主体的な能動性を伸ばしてゆく心理療法的な働きかけがポイントとされてきた。そこが解決すれば、学校へ行く意志はもともとあるのだから、不登校は解消する。

和田は、この①型が小学校低学年から中学生前半に多いのに対して、②型は「中学校高学年から高校生にかけて見られ、とくに男子の高校不登校症例の大部分を占めている」と述べ、さらに②型に共通した背景として、父親主導型の家庭で「父親は独善的な威圧的態度で子どもと接している」という特徴を挙げていた。

和田らの研究がなされた六〇年代終わりから七〇年代初めは、中学生の長期欠席率が戦後最低の水準（〇・五％）に迫るところまで下がってきた時期で、社会全体、生徒たち全体からみれば「不登校」とは極めて少数のみに起きる例外的な現象だった。言い換えれば、よくよくの事情、よくよくの条件をもった生徒だけが不登校になっていた時代で、②型の不登校を生ぜしめる「よくよくの条件」として、和田は父子関係の問題を取り出したとみることができる。家父長制の解体が進んだ戦後家族において、すでに父親主導の父権的な家庭自体、この時期には例外的な存在になりつつあった。その例外性によって生み出された現象といえようか。

個々のケースの個別的な事情は別にして臨床心理学的に一般化すれば、②型における「学校へ行かないという行動」の意味は、権威的・強圧的な父親への思春期的な反抗と自立の芽生えと理解することが可能だろう。それが、なぜ「学校」の拒否としてあらわれたのか。当時の学校には父性原理が今より強く生きていて、父親的なものの表象になりやすかったのかもしれない。

これまでずっとよい成績をとってきて、しかるべき進学校に進んだ子が、やがて、こんな学校はつまらない、行くだけ無駄だと言いだし、登校を促す父親へもかつてなかった反抗的態度を示し、断固として登校しなくなる（無理に強いれば暴力が出ることも）。これが典型的なパターンだった。〝学校へ行くのは掛け値なしに大切なことだ〟という価値観がまだ社会全体に共有されていたころで、そこをあえて「行かない」ところに自立に向けての反抗の意味が強くあっただろう。

しかし、反抗としてあえて「行かない」行動とみるだけでは説明し切れない面も潜んでいた。

支配的な父親のもとで育ち、年齢相応の自律性が育まれてこなかったため、中学高学年、高校生と学業の難度が上がり、学級内の人間関係も複雑さを増すにつれ、それらがもたらす負荷の能動的な乗り越えがしだいに困難となってきたという契機が絡んでいるケースが少なくなかった。この部分をみれば、彼の「行かない」という行動は能動的な拒否の意味ばかりでなく、学校生活の負荷へ直面できない受動的な回避の意味もあわせもっていたと考えられる。人間の行動は、しばしば、二重三重の（ときには相矛盾した）意味を同時にはらむものである。

●時代変化と不登校の急増

七〇年代前半まで下がり続けていた中学生長期欠席率は、後半に入るや上昇に転じ、七五年に〇・五％だったものがみるみる上がって八〇年代には二％を超え、不登校はありふれた現象と化してきた。現在は三％を超えている。この大きな変化の理由は、別に詳しく論じている[2)]。一言でいえば、七割の国民が第三次産業（消費産業）に従事する高度消費社会に入り、教室でこつこつとアカデミックなスキルや集団経験を身につける努力と社会に出てからの労働内容や生活スタイルとの間にギャップが拡大して、「学校へ行くこと」の意義や価値が大きく下がってしまったためである。また、だれもが高い学歴を取得する（取得できる）「高学歴社会」となれば、学歴の社会的な値打ちも下落してしまう。取得価値が下落する一方、その学歴すらなければ落ちこぼれだという取得への圧力は高まるパラドックスが生まれた。しかし、希望に導かれた努力ではなく、圧力に強いられた努力は消耗しやすく長続きしない。

こうした学業の価値低下に加えて、豊かになった消費社会はひとびとの個人意識や私的自由への欲求を（ときには過剰に）ふくらませ、学校教育が備えてきた集団性や規範性は、子どもたちの間で窮屈すぎる制約と感受され、ストレスやフラストレーションを生みだすようになった。生徒一般の間にうっすらとした学校への忌避感情がひろがったのである。

もちろん、どんな社会状況下であれ、学業が得意で登校に十分な意義や価値のもてる生徒も一定の割合でいるだろう。しかし、そこまで学業が得意でも好きでもない大多数の子どもたち、つまり平均的マジョリティをなす「ふつうの子ども」たちにとって、学校へ行く意義や価値が低落してしまったのが、大きな時代変化だった。以前のようにたとえ得意でなくてもそれなりに学業努力をすればよき将来につながるという夢や期待が子どもたちの間に生きていた時代なら、好き嫌いを超えて意義や価値を見出せる。けれども、それが消えれば、学業は無意義で無価値なストレスとしか感じられなくなる。これが、やがて文部省が「登校拒否はどの児童生徒にも起こり得る」（一九九四）と認めるに至ったごとく、不登校が「ふつうの子ども」に生じる一般的な現象になった背景である。

こうした変化によって不登校が増加に転じた七〇年代後半から八〇年代初め、「不登校という行動」を否定的な失調現象としてではなく、むしろそこに肯定的な意味を見出そうとする考え方が生まれてきた。

不登校への肯定的視点の登場

●成熟の過程という視点

ひとつは臨床的な視点からのもので、思春期の子どもが不登校になって家にとじこもるのは、あたかも蚕の幼虫が成虫になるために繭に包まれた蛹の時期を要するのと同様、成人期を前にして内的な成熟を果たすための有意味な行動としてとらえる考え方だった。そのようなモチーフをはらんだ不登校を、たとえば山中康裕は「思春期内閉」と名づけた[3]（一九七八）。その内閉を保障しながら内的な成熟を見守り支えるための相互交流を続けることが、かれらへの臨床的な支援となることを山中は実践例をあげながら述べている。

子どもから大人へ成熟する過渡段階の思春期において、その成熟をどこでどう成し遂げるかは大きな問題である。戦前の子どもたちの多くは小学校を出たあと、就労の場における徒弟的・見習い的な労働を通して大人への成熟を得ていった。少数の社会階層的ないし知的なエリートだけが上級学校へ進学し、学校を成熟の場とした（たとえば下村湖人『次郎物語』にその様子が描かれている）。学校でより高い知的世界に開かれることや教師や友人との交流体験が、自意識や社会意識の成熟に大きくあずかったのである。

戦後になって中学が義務教育化され、さらに高校進学率が上昇してゆくにつれ、一部のエリートだけでなく、ほとんどの子どもたちに学校がそのような場となった。ただし、学校がその役割をうまく果たせるためには、学業の意義や価値への信、学校とはよき将来や自己形成につながる大切な場だという共通観念が、生徒たちの間にはもちろん、世の中全体に生きていることが必要だった。六〇年代、高度成長時代にはそれが生きていた。

けれども、七〇年代後半から八〇年代、先に述べた社会変化につれ、その共通観念はもはや崩れて、学校という集団の場を成熟のための容器とはなしえない子どもたちがでてきた。デリケートな自意識と内向性の高い生徒にとりわけその傾向があらわれ、かれらの成熟のためには「学校へ行かない」で、そこに代わる別の成熟の容器を「内閉」のかたちで得ることに積極的な意味があったのである。

●教育批判という視点

もうひとつは教育批判的視点によるもので、過酷な受験競争や学力偏重教育によって学校は生徒にとって抑圧的な空間となり、子どもたち本来の個性の発揮や発展を阻害している、不登校とはそんな教育に対する子どものむしろ健康な防衛反応で、学校に行かないことこそしかるべき行動だ、とする考え方だった。この考え方を最初に打ち出し、高度経済成長政策以降の社会体制批判の文脈のなかで熱く主張したのが渡辺位であった[4]。

八〇年代には、高校進学率は九〇%を大きく超え（つまり、だれでも高校へ入れる時代になり）、大学の進学率も七〇%を超えており、決して過酷な競争が強いられているわけではなかった。超難関校を目指す一握りの生徒はいざ知らず、勉強の重圧下で不登校におちいる生徒たちが渡辺の主張ほど一般に多かったかどうかは疑問である。

実際には、八〇年代、渡辺らの主張とは逆に、中学生の一日の学習時間は減少の一途をたどっていた[2]。ほんとうは、先述のごとく高度消費社会の始まりとともに学業の意義や価値が低落し、その一方で個人意識や私的自由への欲求が拡大したことから、生徒たちの平均層にとって学校生活がストレスやフラストレーションと体験されやすくなったことにこそ問題の本質があった。実際、不登校はこの平均層（ふつうの子）から多発しはじめたと考えられる。

現実認識としてはこうした誤認に基づくものであったけれど、渡辺らの主張は八〇年代に百家争鳴となった教育論議や不登校論議のなかで大きなポジションを占めた。受験教育が子どもたちを苦しめているというのは当時の社会的な固定観念だったためと、生徒たちが感じていたストレスやフラストレーションに対してひとつのわかりやすい答え（受験体制という悪者）を提示してみせたためだろう。なによりも、不登校の子どもたちやその親たちに対して学校へ「行かない」ことに肯定的な意味を与え、不安や罪悪感から解放する役割を果たすことができた。さらに公教育に代わる学びの場としてフリースクール等が積極的に開設されるようになる理念的なバックボーンとなった。

現在の不登校支援

現在では「学校に行かない」という行動は、どんな意味をもつだろうか。現在の不登校は昔のような典型的なパターンにはおさまらず、多様性・多彩性を増している。学校へ行く意義や価値が下がり、ストレスやフラストレーションのほうが上がれば、当然、どんな小さな事情やつまずきからでも登校を持続する力や意欲が失われて不思議はないからである。そのなかには、特にはっきりした事情は取り出せず、和田のとらえ分けでいえば③型に入ろうかというものも少なくない。

ケースによりけりで一概にはいえないけれども、現在では一般傾向として学校に「行かないこと」の積極的な意味は、八〇年代ほど強調されなくなったと思う。不登校がありふれた現象になったのに加え、必ずしも毎日たゆまず教室に通わなくても将来につながりうるバイパスがいろいろ用意されてきたため、なんとか学校へ「行かねば」という焦りやプレッシャーが減ったためだろう。昔はしばしばこれが過度に強く、そこから当事者を解放することがしばしば支援の最初の課題となったのである。

●三つのポイント

きわめて多様化している不登校の個別性をここでは捨象して、学校へ「行かない」子どもたちへの支援における一般的留意事項をあげれば、ポイントは大きく三つある。

第一は、学校へ行っていた間のことをできるだけ丁寧にとらえること。

不登校とはいえ学校へ行っていた（行けていた）期間があるはずで、その間をどう生きていたのか、どんな体験をしてきたかが大事である。これは「原因」探しではなく、その子にとって学校生活がどんな意味や価値をもっていたのか、どこにどんなストレスやフラストレーションを感じてきたのか、といったことも含めて、その子の世界を理解するためである。なお、不登校のきっかけとして「いじめ」などを訴えるケースに昨今出合うけれども、単純な〝被害―加害〟のストーリーに還元されて、子どもたちの関係世界の微妙な綾が見えなくなる危険に気をつけねばならない。

第二は、これらを踏まえながら、将来の見通しや歩むべき道を開いてゆくための探索的な試行錯誤を、その子と共に進めることである。

不登校とは、小学校、中学校、高校……というステップを踏んで社会に出るという一般コースから（いったん）はずれることを意味するため、そうでなくても先の見通せない思春期においては、一気に未来を失ったかのごとき体験となりうることに留意しなければいけない。八〇年代くらいまでは山中が述べたような子どもの内的な成熟に焦点を合わせたケアが、そのまま実を結ぶケースが多かったけれど、現在の不登校では、内的世界はむろん大切ながら、具体的な進路選択なども含めて外的な生活世界へ目を向けたソーシャルワーク的な視点からのサポートが必要になっている。

第三は、いまの生活を少しでも中身のある生き生きしたものとする工夫である。

学校とは将来のために今を努力することが求められる場だし、子どもとは大人になるまでの辛抱をいろいろ重ねなければならぬ存在である。それを通して大人になっていくわけではあるが、しかし、今の幸せ感がないまま将来の幸せをイメージしたり、その将来に向かって今を努力したりするのは難しいだろう。逆に、将来への見通しが真っ暗なまま、今に幸せ感を抱くことも不可能で、将来と今とは、つまり第二のケアと第三のケアとは、密接に連動している。

ここでもし「不登校という行動」の意味を問われるとするならば、その子にとって学校内では得られなかった生き生きした体験を、その外で得るところに大切な意味がある行動と答えればよいだろうか。その体験が得られるかどうかにすべてがかかっている。

＊

不登校については、二〇一二年に拙著を刊行しており、これまで私なりに積みかさねてきた不登校理解は、その一冊に書き込んだ[2)]。ていねいに書き込んだつもりなので、それをお読みいただけたなら、うれしい。

〔文献〕
1）和田慶治「不登校」、辻悟（編）『思春期精神医学』金原出版、一九七二年

2）滝川一廣『学校へ行く意味・休む意味――不登校ってなんだろう？』日本図書センター、二〇一二年
3）山中康裕「思春期内閉」、中井久夫・山中康裕（編）『思春期の精神病理と治療』岩崎学術出版、一九七八年
4）渡辺位「不登校」、清水將之（編）『青年期の精神科臨床』金剛出版、一九八一年

（滝川一廣）

Chapter One

不登校の子どものこころと不登校支援

2 不登校の子どものこころと援助

筆者は、現在大学の教員ですが、長年、精神科病院の児童・思春期相談室の常勤臨床心理士として勤務し、現在も非常勤臨床心理士として臨床活動を行っています。現在までの二十年余り、ひきこもり・不登校をはじめ児童・思春期のカウンセリングを行ってきました。特に不登校については、個別のカウンセリングが基本ですが、不登校生徒のための集団活動（後に児童・思春期デイケア）、キャンプ、親の会、学校とのコンサルテーションなどを行ってきました。また、スクールアドバイザー、スクールカウンセラーとしても学校現場で関わってきました。それらの経験をもとに、ひきこもり・不登校について現場で感じてきたことを中心に述べたいと思います。

最近の不登校は変わってきたと言われます。非行や虐待、発達障がいを背景にもつ不登校が増え、葛藤のない不登校が増えていると言われています。しかし、実際に子どもたちに会ってみると葛藤は表立っては表現されませんが、一対一でじっくり関わると、やはり葛藤を抱えているることが感じ取れる子どもたちが多いのです。

私が感じる最近の特徴は、「学校へ行かない」ということに対して葛藤のない親が増えてきているということです。以前は子どもが学校に行かないことに対して強い罪悪感を持ち、是が非でも学校に行かせようとする親が大多数でした。子どもを結果的に追い詰めてしまう親もいて、親に不登校の子どもの気持ちを理解してもらうのに苦労しました。しかし、最近では我が子が学校に行っていないのに、一生懸命に関わらない親が出現してきているように感じます。

不登校の相談の場合、本人は来談せず、まずは親が相談機関を訪れることが多いです。そこで、親のカウンセリングとともに「どのようにして子どもを相談機関につなげるか」についても親と一緒に工夫するのですが、「連れて来ようとする関わり」から逃げている親が増えてきたように感じます。

ずっと以前に「不登校の子どもを無理やり学校にやろうとする関わり（登校刺激）は、良くない」という論評が、誤解されて受け取られたように感じます。「無理やり」が良くないのであって、登校刺激が必要な時期もある、と筆者自身は言い続けてきました。しかし、「登校刺激はしないほうが良い」という部分だけを受け取って、子どもと関わろうとしない親や教師がいます。子どもを放っておけば表面上摩擦も起きないので安泰でいられます。しかし、子どもを放っておくだけでは改善はしません。子どもの周囲にいる親や教師、専門家などが一致した方向性を持って関わらなければ、改善は難しいのです。

現在、ひきこもりは一〇〇万人ともいわれています。そしてひきこもりの多くに不登校経験があると報告されています。学校という場にこだわらなくても、いずれ社会で生きていける力は身につけなければなりません（筆者は、可能な子どもはできるだけ学校復帰が望ましいと考えます。なかには病的要因等のために学校復帰が難しい子どももいますが、その子どもたちにも何らかの集団の場が必要だと考えます）。親の年金で暮らしている三十代、四十代のひきこもりの相談を受けたとき、過去の不登校のときにもっと親子で向き合ったり、真剣な関わりが持たれていれば……と感じるケースに出くわすこともあります。ひきこもりの多くは、思春期のこころの課題を積み残してきているように感じます。そのような体験から不登校対策に力を入れてきました。

どんなときに不登校になるのか

私が、これまでに出会った不登校の子どもたちの状況から考えると、一言でいうと「子どもが居場所を失ったときに起こる」と感じます。「居場所」とは、「自分はここで受け入れられている（好かれている、認められている、必要とされている）」「ここにいると安心する、ほっとする」と、子どもが感じる場のことです。

現代では、地域や親戚などとの付き合いが希薄になり、子どもの居場所となりうる場が限られています。学校と家しかない子どもが多いのです。そのため学校と家庭の両方でうまくいかなくなったときに、不登校という状態になりやすいと感じます。例えば、学校の部活動で人間関係がうまくいかず誰にも相談できずに悩んでいたちょうどその頃、家庭では夫婦関係や嫁・姑問題等で家の中がごたごたしていた。このようなときに、起こりやすいようです。

心理テストの結果から不登校の子どものこころを感じる

不登校児童生徒の親や教師は、「不登校の子どもへの対応を知りたい」と言って相談に来られます。不登校の子どもを援助するためにまず大事なことは、不登校になった子どもの気持ちを理解することから始まります。彼らがどのような気持ちで日々を過ごしているのかを知れば、自分たち（親や教師等）の言動を彼らはどのように受け取っているかがわかります。

表1は、不登校の子どものSCT（文章完成テスト）という心理テストです。「……」の左側に書いてあるのが刺激文で、それを読んで頭に浮かんだことをその刺激文に続けて書くというもので、不登校になった初期に書いてもらったものです。

これらは、神経症的（以前「登校拒否」と言われていました）不登校、非行的行動をしている不登校、発達障がいが疑われる不

表1●心理テスト（SCT）の事例

〔A男〕	学校では……楽しいことはあまりない。 私の気持ち……は、誰にもわからない。 家の人は……ぼくのことをどう思っているのだろう。
〔B子〕	人々は……信用できない。 私が得意なのは……ない。 学校では……疲れる。 大部分の時間を……むだに過ごしている。
〔I子〕	私がきらいなのは……私の性格です。 家ではいつも……ぼーっとしています。
〔C子〕	私を不安にするのは……人間関係です。 私の気持ち……は、誰にもわからないと思う。 私が忘れられないのは……いやな思い出だけです。
〔D男〕	時々私は……自分で何を考えているのかわからない。 もし私が……死んだらみんなはどう思うだろう。
〔H男〕	私の気持ち……は、自分でもよく理解できない。 大部分の時間を……捨てている。 年をとったとき……生きているだろうか。
〔K男〕	家の人は私を……ばかだと思っている。 世の中……は、つめたい。 私のできないことは……人となかよくすること。

＊文章は個人情報保護のため、一部改変。

登校なども混じっています。彼らは表面的な行動は違っていても、こころの深いところではどの子もその子なりに悩んでいる様子がうかがえます。

表1のこれらを読むと、不登校の子どもたちが、学校や親や自分のことについてどう思っているのか、彼らのこころの状態を感じていただけるのではないかと思います。そこからは、周囲に「自分の気持ちをわかってくれる人は誰もいない」と一人で苦しんでいる姿が想像されます。外から見ると、テレビを観たり、マンガ本を読んだり、ゲームばかりして気楽に過ごしているように見えますが、内面では、自分はだめな人間だと思い、自信をなくし、そこからどう抜け出せばよいかわからず、将来にも希望が持てず、悶々とし、「大部分の時間を捨てて」生きている姿が思い浮かぶのです。

かつて面接した不登校の子どもは、「テレビ番組中はいいんですが、CMになると学校のことを考えてしまう」と話していました。また、「学校へ行かなければいけないことはよくわかっているけど、何か本能の部分が言うことをきいてくれない」と表現した子どももいました。彼らは周囲の大人が想像する以上に、いろいろなことがわかっているのです。

「わかってはいるが動けない」、これが不登校の子どものこころの現状と言えるでしょう。彼らが混乱した状態から抜け出していくには、彼らの気持ちを理解した上で支援をすることが重要です。説教がいかに役立たないかがご理解いただけると思います。

不登校の子どもの気持ち——溺れた人の気持ちから考える

不登校児の状況は、例えば、絶対に泳いで渡れると思っていた川を他の子と一斉に渡ろうとして、一人だけ溺れてしまったようなものではないかと考えます。不登校への対応は溺れている人を助けるのと同じです。今、目の前で溺れている人がいたら、まず安全な場所に助け上げるでしょう。溺れている最中に「なぜ溺れたのか」「泳ぎ方を練習しなかったから溺れたんだ」と責めたりしてもダメなのと同じです。

不登校になった子どもの気持ちを溺れた人の気持ちに例えると、次の五つのような気持ちが考えられます。

①恐怖……「あー怖かった」（学校恐怖症）
②拒否……「川（学校）に近づかないようにしよう」、「川（学校）のことは思い出すのもいや」（登校拒否）
③自責……「なぜ自分だけ溺れたんだろう（不登校になったんだろう）」

④不安……「いつか泳いで渡れる日（学校に行ける日）が来るんだろうか」
⑤焦り……「どうすれば、泳げるように（学校に行けるように）なるんだろう」

このように「自分が学校へいけなくなった」というのは、とてもショックなことです。「なぜ溺れた（不登校になった）のかな？」「何がいけなかったのか？」と考えられるようになるには時間がかかります。恐怖心が消え、心が落ちついてから初めて冷静に考えることができるようになります。さらに自分の弱点と向き合い、弱点を克服しようとするには、時間と支えてくれる人の存在が必要です。

不登校への援助について

●不登校になった子どもの背景の理解：見立ての重要性

不登校の原因については、様々なことが言われています。文部科学省の発表においても、「原因」という言い方はせず、「不登校となったきっかけと考えられる状況」として、「いじめ」「いじめを除く友人関係をめぐる問題」「学業の不振」「親子関係をめぐる問題」「その他本人に関わる問題」などを挙げています。原因ばかりを究明しようとして悪者探しをすることは確かに意味がありません。しかし、その子どもがどういう背景で不登校になったのか、という見立ては、その子どもに関わる上でまず第一に重要なことです。

例えば、三八度の高熱が出たときこの熱は何によるものなのか、喉の炎症によるものか、肺の炎症によるものか、あるいは、腎臓や膀胱などの病気によるものかなど、医者は問診（聞き取り）と検査をして診断を行います。それによって処方する薬や治療法も違ってきます。この診断にあたるのが、こころの問題の場合は「見立て」です。不登校となった子ども本人がもともと持っている性質や性格、発達の状態、またどのような家庭環境で育ち、そこでの親子関係はどうであったのか、学校での対人関係の持ち方などを丁寧に聞き取り、場合によっては心理検査も用いて、見立てを行います。

そして、その見立てを、その子どもに関わるすべての人（親、学校関係者など）がまず共有して、その子どもに対する共通の認識をもって関わることが必要だと考えます。この見立てをして、それを皆に共有していく役割を担うのが、臨床心理士（スクールカウンセラー）であると考えます。臨床心理士にはこの見立てがきちんとでき、それをわかるように伝えていくことが求められます。

●不登校の子どもの各期の特徴に合った援助

不登校の児童生徒に対する対応で次に大事なことは、彼らの「こころの変化に応じた対応」をするということです。不登校の初期から回復していく過程で、子どものこころは変化していきます。不登校の子どもの気持ちは不登校の始めから終わりまで同じではありません。ある時期には有効な関わり方が、ある時期にはマイナスに働いたりもします。不登校の子どもが今どのような心理状態に置かれているのかということを把握し、それに応じた関わりをしていくことが最も肝心だと考えます。

図1（次頁）は、佐賀県教育センターが一九八五年に作成した「登校拒否のパターンと各期の援助の基本」です（古いので「登校拒否」という呼び方になっています）。現在はこの改訂版が二〇〇五年に出されていますが、筆者はこの八五年版のほうがわかりやすいと思い、佐賀県教育センターの了解を得て、親の会や、教師の研修会、学生への指導などにも使っています。

まず、この図は、不登校になった子どもがどのような経過をたどるのか、一目でわかります。多くの親は、我が子が不登校になったとき、いつか学校に復帰する日がくるのだろうかと不安と焦りを強く感じます。この図を見ることにより、このような経過をたどって登校再開の時期が来るという、希望と見通しを持つことができます。

かかわりの基本	・登校刺激をする。 ・医師にみせる。	・登校刺激をやめ心の安定をはかる。	・生活のすべてを本人に任せる。	・情報を伝え行動化させる。	・暖かく見守る。 ・軽く励ましを与える。
留意点	・頭痛、腹痛などを訴えたら登校刺激をやめる。	・朝は無理に起こさない。 ・専門機関との連携をはかる。	・日常の声かけはするが、口出し手出しをできるだけ避ける。	・決めるのは本人に任せる。	・欠席を休息と考える。 ・明るく活動的になっているかを視察する。

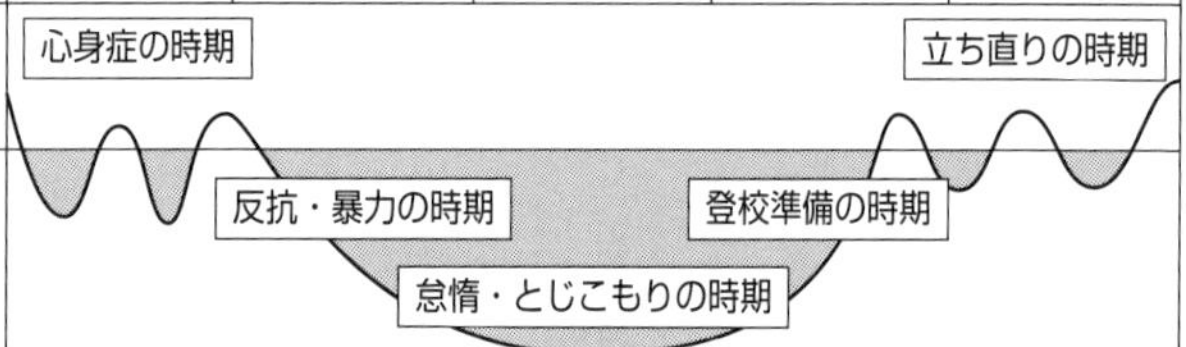

不登校の状態とパターン	・テストや学校行事の前後に身体の不調を訴える。 ・身体の不調は午前中が大きい。 ・病院では異常は認められない。 ・こだわりが強い。 ・学期はじめに学校に行けなくなる。	・親のひとことひとことに反抗的になる。 ・登校刺激に対して暴力が出ることがある。 ・親の育て方、担任のやり方を責める。 ・几帳面さや完全主義にうってかわって、だらしない生活になる。 ・甘えが出はじめる。	・とじこもり、食事も一緒にしない。 ・昼と夜とが逆転した生活になる。 ・自己中心的で、甘えと反抗を同時に出してくる。 ・テレビ、マンガなど怠慢で無気力な生活になる。 ・プラモデル、音楽、絵などに熱中する。	・母親と話したがる。 ・失われていた生活のリズムが少しずつ取り戻される。 ・生活の中で新しい試みが増えてくる。 ・身体を鍛えようとする。 ・学校の話をしても嫌がらなくなる。	・変則登校ができるようになる。 ・新しい学期、学年から登校する。 ・友達との関係がよくなる。 ・行動が活発になる。 ・自分で考え、自分で決めて行動できるようになる。

←他罰期→←内面成長期→←行動探索期→

←混乱期→　←自己洞察期→←自己実現期→

援助の主眼点

〈予防的援助〉　〈再発予防への援助〉

〈精神安定への援助〉　〈現実適応への援助〉

〈自省への援助〉〈自律化への援助〉

作成：佐賀県教育センター（1985年）。

図１●登校拒否のパターンと各期の援助の基本

次にこの図の良い点は、不登校から学校復帰までの経過を五期に分け、各期の不登校の状態を示し、それに対する「かかわりの基本」「留意点」「援助の主眼点」がわかりやすく明記されていることです。まず初めの頃の〈心身症の時期〉を「混乱期」、〈反抗・暴力の時期〉を「他罰期」、〈怠惰・とじこもりの時期〉を「内面成長期」、〈登校準備の時期〉を「行動探索期」、そして登校再開の時期としています。そして、これらの時期ごとの援助の主眼点として、「混乱期」は精神安定への援助、「他罰期」は自省への援助、「内面成長期」は自律化への援助、「行動探索期」は現実適応への援助、登校を再開してからも再発予防の援助が必要だとしています。周囲の大人の関わりが適切であれば、ほぼこのような流れで登校再開に至ると筆者自身も実感しています。次に筆者なりの解説を加えます。

●親の対応

不登校の子どもが学校を休みだしてしばらく経つと、親の言動に対して文句を言い、反抗的になってきます。この反抗の時期は、親にとってはつらい時期であるので、次のように親に説明をするようにしています。

「これは『他罰期』でこころの中にいっぱい詰まった苦しい気持ちが反抗という形で出てく

るが、これが出てくると回復に向けて一歩踏み出した証拠です。安心して親に文句が言えるようになったんです。ここを通れば次は内面成長期に進みますよ」

すると「この反抗にも意味がある。それならきちっと受け止めよう」と親の腹が決まります。子どもの気持ちの安定には、親の気持ちの安定が不可欠です。

次に親がつらいのが、「怠惰・とじこもりの時期」です。子どもによっては、友人との接触も絶ち、外出も少なくなり、一人でゲームなどに没頭します。このような状態がいつまで続くのだろうかと、親はとても不安になります。そのときに「外からは怠惰に見えますが、今が内面成長の大事な時期なのです。日常の声かけはしても、口出し、手出しはやめて、できるだけ本人に任せましょう」と助言します。この時期を臨床心理学者の河合隼雄先生は、「サナギの時期」と表現されていました。「外から見ると、動いていないように見えるサナギであるが、きれいな蝶になるために確実に羽化に向かっている。このサナギの時期は、あまりいじらないほうが良い」という河合先生の言葉も一緒に付け加えるようにしています。

このように話すと、多くの親は、この時期を回復に向かう大切な時期だと理解されます。しかし、この時期は子どもによっては、三カ月～半年、長い子どもでは一年近くかかる子どももいて、親は頭では理解していても不安になって、つい余計な一言を言ってしまい、子どもを追い詰めてしまうことがしばしばあります。そのような親の心情は理解できるため、親を責めることはできません。

また、子どもの不登校の背景にある親子関係が起因していることも少なくありません。子どものために良かれと思ってしている言動が、子どもにとってはプレッシャーになっている場合もあります。

◎親の会

そこで大切な機能を果たすのが、親の会です。筆者が勤務する病院では、一九九七年から親の会が発足し、現在も継続しています。親の会では、不登校への理解を深め、子どもの問題行動の背景にある彼らの気持ちを理解し、より良い対応ができるように心理教育を行うとともに、親同士がつらい気持ちを共有したり、他の親からつらい時期を乗り切る工夫を聞いて参考にされたりしています。何より、悩んでいるのは自分だけではないという思いが親を支えているようです（保護者支援としての親の会については、1章－4も参考にしてください）。

●教師の対応

文部科学省は、最近では不登校数の発表とともに、「『指導の結果登校する又はできるようになった児童生徒』に特に効果のあった学校の措置」についても公表しています。その中には「登校を促すため、電話をかけたり迎えに行くなどした」「家庭訪問を行い、学業や生活面での相談に乗るなど様々な指導・援助を行った」「保健室等特別の場所に登校させて指導にあたった」等が列挙されています。このような教師の関わりはとても有効です。しかし先ほども述べたように、不登校の児童生徒に対する対応で最も大事なことは、それらの「指導や援助」をいつの時期にするかということです。

学校復帰に際して教師の果たす役割は大きいです。しかし、初期の段階では教師の訪問を拒否する生徒もいます。そのときは、無理やり会おうとせず、手紙を渡したり、あるいは親を通じて「君は、学校に来ていなくても私のクラスの一員であること。君のことを気にかけている。無理やり学校に連れて行こうとはしない。だから安心していいよ」というメッセージを伝えることが、子どもの安心感につながります。そして、子どもが会ってくれるようになったら、すぐに学校や勉強の話題を持ち出すのではなく、その子どもが興味を持っていること（ゲームやマンガ、テレビ等）で関わるのがよいです。田嶌（二〇一〇）は、不登校援助の基本は、学校や周囲との関係を「切らない、維持する、育む」ことだと述べています。ここで焦らずじっくりと子どもとの信頼関係を作ることが、後の登校復帰の鍵を握ると言っても過言ではありません。

●専門機関を利用することの大切さ

不登校をした子どもの専門機関の利用状況について述べます。

平成二十五年度の文部科学省の調査によると、まず、学校内においては、スクールカウンセラーが配置されていますが、スクールカウンセラー、相談員などによる専門的な指導を受けた者の割合は不登校全体の三八・五%でした。また、学校外の相談機関としては、①教育支援センター（適応指導教室）、②教育センター等教育委員会所管の機関、③児童相談所・福祉事務所、④保健所・精神保健福祉センター、⑤病院・診療所、⑥民間団体、民間施設があります。

しかし、これらの学校外の専門家や相談機関で相談・指導を受けた者は、不登校全体の三〇・四%でした。不登校の約三分の一は、専門家に相談していないことになります。また、教育委員会等が設置する適応指導教室は全国一二八六カ所にありますが、その利用者は、全不登校児童生徒の一二・〇%、一万四三二〇人で、一カ所あたりの利用者の平均は一一・一人と少ない状況です。

不登校はこころの問題です。表1（三六頁）の心理テストにみられるように、不登校になった子ども特有の心理状態があります。そして図1（四二頁）に示したように、その心理状態に応じた適切な心理的援助がなされれば再登校へつながります。不登校経験者の多くは将来自立を果たしています。しかし不登校からひきこもりに移行するケースがあることも事実です。専門機関で相談を受けることの必要性を強く感じています。

●集団での体験（適応指導教室などでの体験）の必要性

病院の児童・思春期相談室において、個別の心理療法がある程度進み、個人の問題はかなり解決し、親子関係などの家庭内の状況も改善され、本人も学校復帰などを口にしだしたころのタイミングをはかって適応指導教室へつなごうとするのですが、なかなかそこに行けない子どもたちが出てきました。適応指導教室を見学すると、学校のミニ版という雰囲気のところが多かったのです。そこで平成七年に、不登校の子どもたちが安心して過ごせる居場所と集団適応のスキルを獲得していく場として、病院に不登校の子どものための教室を開設しました（その後、平成九年から、「児童・思春期デイケア」という形で保険診療として受けられるようになりました）。

この教室では、大まかなスケジュールは決め、目標課題は明確に伝えますが、その取組み方やペースを子ども自身に任せることにより、子どもが自分流のやり方を獲得できるように留意しました。

例えば学習の時間に関しては、「いずれは勉強に取り組んでほしいけれど、今はまだできる状態ではない人は、他の人の迷惑にならないように静かに漫画や本を読んで過ごしてもいいよ」と伝えます。まずは、他の子どもが勉強している場に居られるだけでOKということがわかると、徐々に「自分も勉強、やってみようかなぁ」という発言が見られてきます。他の活動においても同様に「今は、無理しないで自分の状態に合わせて参加していいよ」と声をかけます。ここで大事なことは、子どもが自分の状態に応じてやれる範囲で一歩踏み出したときに「(今は)それで百点満点」と認めることです。認められることにより、安心してさらに次の小さな一歩を踏み出し、この小さなステップの積み重ねをしていくうちに目標課題に到達していきます。

また、対人関係のスキルについては、初めはスタッフが子どもたちをつなぐ役割をすることにより、お互いを認め合うようになり、徐々に子ども同士のコミュニケーションが生まれるように援助しました。このようにして、学校という場では、皆と同じことができずに自信をなくしている子どもたちが、集団の中で受け入れられることにより、他人と比べるのではなく自己内の成長に目標を置き、自己の弱点や問題点の克服の仕方を体験の中で学んでいけるのではないかと考えます。

この教室でのスモールステップでの課題達成の方法は、学校復帰の際にも子ども自身が活用しています。はじめは中休みだけ登校して皆と遊ぶ、次は中休みと保健室、その次は中休みと好きな授業（教室）、さらに次はそれらプラス給食、という具合に自分で小さな目標を設定し、やがては完全登校につながっていきます。

＊

不登校の子どもの心理と対応について、筆者がこれまで臨床心理士として不登校と関わった経験を元に述べてきましたが、不登校になった子ども本人や親は不登校になったことでとても苦しい思いをしています。多くの人は学校に行っているのに「なぜ自分だけが……」と自分を責めたり、また、「なぜうちの子どもだけが……」と自分の育て方を悔やんだりしているのです。そのつらさは相当なものです。しかし、長年、精神科で仕事をしていると、様々な不適応状態や症状を呈する大人の患者さんに出会います。その方々の中には思春期の課題を解決しないまま大人になった人もいます。

不登校は不登校になった子どもの責任でもなく、親の責任でも、学校の責任でもないのです。いろいろな要因が重なって不登校という状況が起きています。不登校とは「このままでは大人になれないぞ」という子どもからのサインです。不登校になったことで親子関係の課題や本人自身の課題、学校をはじめ周囲の課題が見えてきます。その課題を、子どもを取り巻く人々が真摯に受け止め、直面していくことが重要だと考えます。そのことが、ひきこもりからの脱却にもつながっていくと考えます。

（大場信恵）

［文献］
河合隼雄『いじめと不登校』潮出版社、一九九九年
相馬誠一ほか『不登校』ゆまに書房、二〇〇七年
田嶌誠一（編）『不登校――ネットワークを生かした多面的援助の実際』金剛出版、二〇一〇年
齊藤万比古『不登校の児童・思春期精神医学』金剛出版、二〇〇六年
斎藤環『社会的ひきこもり』ＰＨＰ新書一九九八年
佐賀県教育センター（編）『子どもを生かす教育相談』第一法規出版、一九八五年
文部科学省「平成25年度『児童生徒の問題行動等生徒指導上の諸問題に関する調査』について」（二〇一四年十月十六日）
http://www.mext.go.jp/b_menu/houdou/26/10/_icsFiles/afieldfile/2014/10/16/1351936_01_1.pdf

Chapter One
不登校の子どものこころと不登校支援

3 不登校児童が示す兆候（サイン）と対応

不登校は様々な背景課題に伴って生じるものであることは、あらためて言うまでもないと思います。そのため、不登校状態に陥っている子どもが示す言動や表情、状態像も多様なものであると言えます。しかし、多くの子どもを丁寧に見ていると、ある程度、共通して生じてくる兆候（サイン）が見えてくることもあります。ここでは、そのような兆候（サイン）を見逃さずに適確にとらえ、よりよい対応に結びつけていくための視点を考えてみましょう。

最初に見られる兆候（サイン）

●きわめて初期の兆候（サイン）

不登校に陥りかけている、あるいは、不登校になって間もない頃に典型的に見られる兆候

（サイン）は、何らかの身体症状を訴えることです。頭が痛いと言ってベッドから出てこなかったり、お腹が痛いと言ってトイレに閉じこもったりするといった様子がしばしば見られます。そして、体調を心配した保護者が病院に連れて行っても、身体的には何も異常がないと言われてしまうのです。

このような兆候（サイン）は、まぎれもなく「学校に行けるような状態じゃないんだよ！」というＳＯＳです。子どもは、自分の気持ちに気づいて表現するということを、まだ十分にうまくできるわけではありません。そのために、身体を使って表現しているのだととらえることができるでしょう。そんな背景の気持ちに気づくことができれば、身体をいたわる、気遣うという対応が必要になってくることが理解できると思います。

大人でも、「困ってる」「助けて」という叫びをあげているとき、「たいしたことはないよ」「自分で何とかしたら」と言われれば、落ち込んでしまって絶望的な気持ちになるでしょう。本心から身体の不調を感じている子どもに対して、「仮病じゃないか」「病気じゃないから学校に行きなさい」という対応を行うことは、その対応をした大人との信頼関係を損ねる恐れがあります。

まずは、そのような状態の自分でも受け入れてくれるような人が必要で、その人の存在を通して安心感を育んでいくことが大切になります。特に、学校の先生がそうした存在になることができれば、長期の不登校を防いでいくための大きな柱になります。保護者からつぶさに様子を教えてもらい、登校したときに不調はないか尋ねる、活動中でも「大丈夫か」と声をかける、そのような一つひとつの丁寧な支えが必要になってきます。

●欠席が始まった後の初期の様子

さらに、実際に欠席を始めてしまっている子どもの場合には、ふとしたことで感情を爆発させて、反抗的な態度をとることもあります。学校に関することを強く拒否したり、人目を避けるような様子を見せたりすることもあるでしょう。これらは、自分でも「どうしたらよいかわからない」ため、不安でたまらなくなって混乱している状況にあることを示しています。

まずは、家庭を「しっかりと安らげる」場所として認識できるようにしていく必要があります。家庭で、知らず知らずのうちに登校しない子どもを責めていないかという点について、振り返ってみることが求められます。

直接的に責めてはいなくとも、保護者が「心配だ」という気持ちを口に出すことだけで、責められていると感じる子どももいます。子どもの側に立ったらどんなふうに聞こえるだろうかという視点をもって、家庭での会話を見つめてみる必要があるでしょう。また、先生は、保護者の不安を受け止めることで、子どもの安心感を間接的に高めることができるでしょう。

長引いているときの兆候（サイン）

●「膠着状態」を兆候（サイン）ととらえる

ある程度の期間、欠席を続けていると、子どもは先のような混乱した様子は示さなくなります。ある意味では、家庭で落ち着いて過ごしているという状態です。しかし、一向に学校に足が向かう気配はなく、ゲームなどの自分が好きなことに熱中する時間ばかりが目につき、時には昼夜逆転の生活のようになることもあります。

このような状態は、大人にしてみれば事態が動かない「膠着状態」のように感じられるかもしれません。実際、このような状態に至るまで欠席が長引いた場合、子どもによっては再登校を始めるために比較的長い時間を要する場合もあるのは事実です。ただ、このような状態の子どもの心の内では、緩やかながら着実に登校へ向かおうとする回復の道のりをたどっていると言えます。不登校とは、「学校に向かうだけのエネルギーが不足している」という状態だと言い換えることができますが、子どもは、自分の好きなことに没頭することを通して、そのエネルギーを回復しようとしているのです。

そのため、周囲の大人は、子どもが好きなことに関心を示し、時にそれを共有することによって、子どもの自信の回復を促すという支援をすることができます。子どもにとって、自分の好きなことに興味をもってもらえた、自分の好きなことを一緒に楽しんでもらえたという体験は、何らかの理由によって傷つき失われた子どもの自信を取り戻し、対人関係上の不安を減らすために、とても有効なものとなるからです。

●背景の兆候（サイン）を読み取って、次のステップへ促す支援へつなげる

また、そのようにして信頼関係が出来上がれば、さらなる支援の一歩を踏み出すことも可能になります。それは、不登校に至った背景課題の克服です。不登校に至るには、それぞれの子どもなりに何らかの背景課題を抱えているでしょう。信頼関係ができている大人がその背景課題の兆候（サイン）を読み取り、背景課題を打ち砕くような新たな行動パターンを身につけさせる支援を行うことが大切になります。

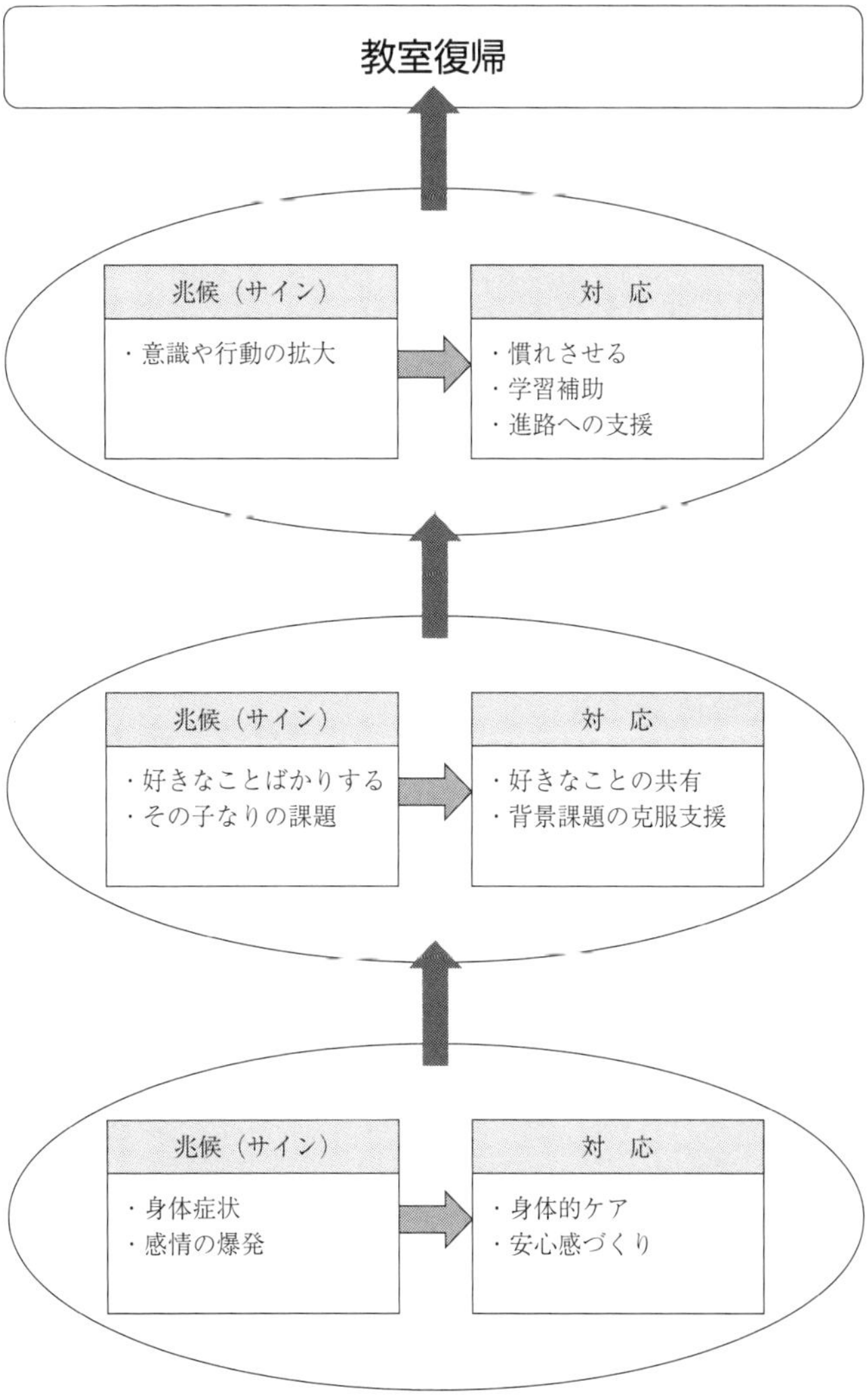

図１●教室復帰に至るまでの兆候（サイン）とその対応

〈事例〉ある子どもの場合

具体的に、数カ月にわたって不登校の状態になっていた、ある子どもの例を紹介しましょう。

その子は、家でずっとゲームばかりしているそうです。そこで、支援者は、まず子どもと一緒にゲームをすることから支援を始めました。

すると、一緒に遊んでいても、自分の思うとおりにならないと、次々に違うゲームをしようとするという様子が見受けられました。大人としては、つい一言、注意をしたくなるような状況です。このような状況を見ると、おそらく、この子は友達関係でも同じようにしたいはずであり、うまくいかなくてトラブルを抱えることも多いのではないかと推測できるでしょう。

そこで、支援者は、ある日、遊ぶ前に「これからは、○時△分までは××のゲーム、その後は□□のゲームというように、時間を決めて遊ぼう」と提案してみました。この提案は功を奏し、何度か繰り返すうちにゲームの時間は守られるようになったほか、保護者から「家での生活時間がしっかりしてきた」という報告を受けるようになりました。

この支援の意味するものは、「ルールを守って遊んだらお互いによかった」という経験の積み重ねをさせたということです。そうすることによって、自分の思いどおりにならないことはあるけれど、それでも楽しいんだなということを実感し、自分勝手な行動を減少させていくことが可能になります。

以上は一例にすぎません。この段階の子どもが示す言動を兆候（サイン）として受け取り、背景課題を見つけ出すポイントは非常に多様です。しかし、例えば、「やる気がなさそうだ」という様子の背景には、「できなかった」という体験の蓄積があるかもしれません[1]。「きちょうめんすぎる」という様子の背景には、厳しすぎる家庭で育ってきたという背景があるかもしれません[1]。それらが推測できれば、支援の方法も見えてくるはずです。子どもの様子には支援のヒントが隠されているという認識をもって、子どもと接することが大切です。

復帰しかけているときの兆候（サイン）

●エネルギー回復の兆候（サイン）

その後、また新たな兆候（サイン）が見られることがあります。

例えば、今まで家から出なかった子どもが、「自分の好きな物を買いに行く」と言って出かけるようになることがあります。教科書を開いてみようかなという素振りを見せることもあるかもしれません。「学校では今頃○時間目だな」「△君は何してるかな」というように、学校に関連した話題を述べるようになることもあります。あるいは、家のお手伝いをするようになったということもあるかもしれません。

これらは、行動や意識が外に向かって拡大している証拠に他なりません。したがって、このような様子は、こころのエネルギーが回復して学校復帰の準備を始めているということを示しています。そうなると、大人は、学校に行きたいという気持ちを後押しできるように支援することが大切になります。そのためには、こころの面の支援というだけではなく、具体的で現実的な生活上の支援を行っていくことが必要です。

例えば、別室登校など、具体的な学校復帰の方法を検討し、準備することもその一つです。適応指導教室（教育支援センター）の利用を案内するようなことも求められるかもしれません。そのような場で、少人数での対人交流や少ない時間での学習活動などを通し、学校での生活に慣れるという大切な機会をもつことができます。

◎進学の課題との関係

　また、このような兆候（サイン）は、学年の変わり目などを見据えた時期に起こってきやすいものでもあります。特に、それが進学と重なる場合には、より丁寧な支援が必要になるでしょう。進学先の学校の状況を伝えることは、子どもにとって心構えをつくるための大切な情報になります。その際、場合によっては、より過ごしやすい環境が必要となり、居住地域外の学校などへの進学を視野に入れることもあるかもしれません。

　いずれにしても、子ども自身が進学後の自分を思い描くことができるように支え、自らの意思でその学校に通おうと思えるように方向づけることが大切です。このような自己決定の感覚が、進学後の学校適応に大きく影響を与えてくるからです。

◎学習の課題との関係

　さらに、多くの子どもにとって復帰の現実的な壁として立ちはだかるのは、学習面の課題です。元気は回復しているように見え、本人も学校のことを気にかけている発言をしているにもかかわらず、同時に「どうせ今さら行っても勉強わかんないから行かない」というような発言もするため、周囲は「やっぱりまだ行きたくないのだろうか」と混乱することがあります。

　ただ、それは、本当に行きたくないのではなく、「行きたい気持ちはあるのだけど、行っても自信を失うだけではないだろうか」「行ってみたところで、どうせ自分の無力さを感じるだけではないだろうか」という不安な気持ちの表れだととらえることができます。したがって、そうした不安な気持ちを取り除くような支援が求められます。

先述の適応指導教室（教育支援センター）では、多くの場合に「学習の時間」が設けられています。別室登校でも、本人の状況に合わせて可能な範囲で「１時間目は○○、２時間目は××」というように時間割を組み、「ちょっと頑張ればできる」ような量と内容の学習課題に取り組ませることが有効です。そうした活動の継続によって不安が軽減すれば、教室復帰への抵抗感はかなり和らいでいきます。

しかし、実施するためには、特定の先生だけではなく、学校全体で学習補助の体制を整える必要が出てくるでしょう。それは簡単なことではありませんが、子どもにとってはいろんな先生が支えてくれることを感じる機会にもなり、そのこと自体が学校での安心感を育むことになるのは間違いありません。できれば、いつ別室登校の子どもを受け入れることになってもよいように、年度当初から計画的な体制づくりをしておきたいところです。

●疲れの兆候（サイン）

なお、実際に教室復帰をしてからでも、体調不良を訴えるなどしてＳＯＳを発信するような兆候（サイン）が見られることもあります。

これは多くの場合、復帰に伴うストレスを感じ、疲れているということを意味しているととらえられます。このとき、気持ちの面に深入りしすぎてしまうと、欠席していたときの「大事にされている感覚」に舞い戻ろうという気持ちが頭をもたげてきてしまいます。「誰でも、今までと違うことを始めれば疲れるのは当然である」ということを理解し、やわらかく背中を後押しするような気持ちをもって、適切な身体的ケアを行うことが有効だと考えられます。

重篤な課題を抱えている不登校の兆候（サイン）

最初に述べたように、不登校は様々な課題を背景に生じてきます。ここまで述べてきた兆候（サイン）やそれへの対応は、主に発達に伴って誰にでも生じうる、情緒的な課題を背景とした不登校についてのものです。

しかし、より重篤な背景課題によって不登校が生じる場合があります。思春期以降では、統合失調症や抑うつ障害などの精神疾患を背景にして不登校が生じる場合も見受けられます。統合失調症の場合は、喜怒哀楽の感情があまり揺れ動かなくなったり、入浴や整髪などの生活行動ができなくなったりするなどの兆候（サイン）から「ひきこもり」の状態に陥ることがあります。また、抑うつ障害の場合は、やる気がもてずに成績が下がる、食欲が低下する、眠れない、イライラするなどの兆候（サイン）があり、朝、起き上がれずに不登校になるということがあります。

また、虐待を受けている子どもの場合にも、不登校の状態に陥ることがあります。例えば保護者が外出して不在がちで、子どもが自由気ままに生活してしまっていて登校すべき時間に迎えに行っても子どもがつかまらない、という様子が見られたりします。そのような状態が夜にも見受けられる場合には、登校すべき時間に子どもが家で寝ているというようなこともあります。

ほかにも、発達障害を抱えている子どもの場合、対人関係のトラブルを避けて居心地の良い家庭で過ごしたいという思いから、不登校になる場合もあります。

このような重篤な課題が背景にある場合には、不登校としての対応だけでは十分ではありません。精神疾患を抱えている場合には、医療機関との連携が必要になります。虐待が疑われる場合には、児童相談所等の専門機関と連携することが必須です。発達障害を抱えている場合には、学校での対人トラブルを減らすような方法を身につけなければ、不登校の問題は解消しないでしょう。いずれにしても、不登校という事象に目を奪われて、その背後にあるもっと大きな課題の兆候（サイン）を見逃さないことが大切です。

＊

我が子が不登校になった、自分のクラスの子どもが不登校になったというのは大きな動揺を招くものですが、冷静に課題を見据える目をもつことによって早期解決への道筋をつくっていきたいところです。

（五十嵐哲也）

［文献］

1）五十嵐哲也・杉本希映（編著）『学校で気になる子どものサイン』少年写真新聞社、二〇一二年

Chapter One　不登校の子どものこころと不登校支援

4 保護者への不登校支援と、親の会の役割

「親の会」の発足

「同じ不登校の親に会いたい……」

一人の母親の切実な願いから、「星の会（不登校を考える親の会）」は生まれました。小春日和の小さな部屋に集まったのは、母親が二人と教師が三人でした。

「嫌がる息子を無理やりに車に押し込んで（学校に連れて行きました）……」声を震わせながら語る体験を、ただ聴くことだけしかできませんでした。

あれから二十一年目を迎えた「星の会」ですが、今では会員は二百名を超え、例会は通算で六百回以上になります。活動の幅も拡がりました（「星の会」の詳細についてはホームページ http://

hoshinokai.net/ をご参照ください）。

子ども支援は親の安心から

「星の会」の歩みを通して見えてきたことは、親支援の大切さです。子どものそばに居る親を支援し、落ちつかせることが、不登校の子どもへの何よりの支援となるのです。逆に、親が孤立し混乱していると、学校や関係機関がどんなに子どもを支援しても、思うようにその効果はあがりません。

ある小学四年生の男の子は、とても苦しいのに保健室登校をしました。「そんなにつらいのに、どうして学校に行ったの」と尋ねると「だって、ぼくが学校に行かないとパパとママが言い合いをする」とつぶやきました。

ある中学三年生の女の子は、高校受験にむけて出席日数を増やすために、無理をして教育支援センター（旧適応指導教室）に通い続けました。その子は高校に合格しましたが、一日も登校できずに高校を辞めました。

こうした事例は珍しいことではありません。不登校のことが心配になった親は、「解決する」

ことに精いっぱいで子どものこころにまで目を向けることができないのです。最近では、「不登校を減らすための早期対応」や「待つだけだとそのままひきこもりになる」という考え方が強まっていますから、親が安心を取り戻し落ちつくことはますます難しいと言えるでしょう。

親が、誰かとどこかでつながりながら自分自身と向き合い、「まなざし[1]」を変えることができたとき、子どもは「不登校」と向き合い、おりあいをつけながら社会的自立の道を歩むことができるようです。

二つの形の「親の会」

親が安心できる居場所としては、大学の心理相談室やカウンセリングルームや医療機関があります。子どもが保健室登校をしている場合は、養護教諭が居場所となっていることもあります。親のこころを聴くことができている教員も、居場所となります。

「親の会」も、親が安心できる居場所の一つです。同じ立場の親たちが集まっていることから、前述の居場所とはひと味違った魅力があります。

「親の会」は、会の役割からみて、「セルフヘルプ・グループ」と「サポート・グループ」の二つに分けられます。

高松の研究[3)]を参考にして、その違いを簡単にまとめると表1のようになりますが、すべての「親の会」がどちらか一方のグループとして活動しているとは限りません。例えばある親の会は、奇数月はセルフヘルプ・グループの例会を行い、偶数月は専門家を招いた学習会をしてサポート・グループの例会を行っています。

「星の会」は、セルフヘルプ・グループですが、時として例会でアドバイスをするときがあります。例えば、我が子が不登校になった親は、休ませたほうが良いのか、少し無理をしてでも学校に行かせたほうが良いのかわからなくなります。迷っている親の中には、気持ちをただ話すだけ（聴くだけ）では満足しない方がいます。どうすれば良いのかを一緒に考えてほしいのです。

そんなとき、先輩の会員さんたちが自分の体験を話しながら、「あなたはどうしたいの」と尋ねるようにしています。そして、「休ませるだけで良いのかと迷う気持ち」や「子どもがいやがっ

表1●「親の会」の二つの形

	セルフヘルプ・グループ	サポート・グループ
専門家	いない （同じ立場の会員）	いる （スーパーバイザー）
例会	理解と受容をする	アドバイスをして解決する
内容	言いっぱなし、聴きっぱなし	体験交流で解決策を見つける

ても、少しくらい押したほうが良いのではと思う気持ち」を共有します。

そうすることで、「どうすれば子どもが学校に行くようになるのか」と解決することで精いっぱいになっている親は、子どもの気持ちに目を向けながら、どうするかを選ぶことができます。

気持ちの共有

「星の会」の例会で、大切にしていることの一つに、「気持ちの共有」があります。これは、「星の会」に限らず、多くの親の会が大切にしていることです。

〈事例〉実感のある言葉が生まれるとき

ある例会の一場面です。

Aさんが、自分の子どものことを話し始めました。「うちの子どもも不登校でした。（中略）その子が、車の免許を取りたいと自動車学校に通うようになったんです。毎朝、私は『行ってらっしゃい』と言いました。それが嬉しかったの。だって、今までは『行ってくるからね』と私のほうが子どもに言っていたから……。ささやかな幸せです。弁当を作れることも幸せでした。汚れた服を洗濯できることも幸せでした」

そこまで聴くと、初めて参加したEさんが、下を向いてハンカチで涙を拭きました。ここにたまっていた思いが涙となって溢れてきたように思えました。

Aさんはその E さんの肩にやさしく手をあてます。そして、我が子がその後どのようにして人生を歩んでいったか話し続けました。

会は進み、Eさんの番が来ました。

「高校二年生の息子です。小学生の頃は運動会で応援団をするような子どもでした。中学生のときは卓球部に入って友達と笑顔で過ごしました。でも、今はソファにうずくまっています。表情がなくなって、何を聞いても『わからない、わからない』と繰り返すだけです。ご飯も食べなくなってしまいました……」（中略）

「先日、病院に連れていきました。適応障害と診断されました。三種類の薬が出されましたけど、子どもが壊れていくようで怖いです……。周りからは、『甘やかしている』と言われますが、私にはどうして良いかわかりません」

自分の体験を話しているうちに、涙が出てきました。じっと耳を傾ける例会の参加者。その場かぎりの安易な慰めや無責任な助言はありません。そのかわりに「私もそうだったよ」「そういうときって不安になるよね」と気持ちを共有し合いました。

Aさんが、「あのときはわからなかったけど、子どもはとても頑張っていたと思うの。あなたの息子さんも、ここまでよく頑張ってきたわね」と言いました。

その言葉にEさんはハッとしました。「頑張ってきたのは私で、子どもは嫌なことから逃げている、甘えている」と思っていたからです。

家に帰ったEさんは、子どもの部屋のドアをそっと開けました。真っ暗な部屋でうずくまっている我が子に、

「よく頑張ったね。しばらくゆっくりしよう」と背中をさすりました。初めて、子どもが声をあげて泣きました。

マニュアルとしてかけた言葉ではなく、実感のある「よく頑張ったね。ゆっくりしよう」という言葉は、不安でいっぱいになっている子どものこころに届きます。

こうした気持ちを共有することが、親の会の原点です。同じ立場の親たちと時間を過ごすこ

とで、「しっかりしないといけない」と思っていた親が、「私なりに頑張ってきた。無理してしっかりしなくても良いんだ」と自分を許すことができるようになります。苦しさを受けとめてもらい、自分を許すことができた親は、今度は子どものこころに目を向けることができるようになります。

また、「親の会」には、同じ立場の人たちが集まるため、他人《ひと》の子どもの話を聞くことができます。不登校は、「他人の話は自分の話、自分の話はみんなの話」なので、他人の子どものことを聞くと、これまで見えなかった自分の子どもの状況やこころが見えてきます。

陰性感情を言葉にする

「星の会」の例会では、嫌悪感や憎しみや怒りなどの陰性感情を言葉にすることも大切にしています。

例えば、

「(不登校になった)この子の親をやめたいです」

「毎日ゲームばかりしている子どもにむかついて、ゲーム機を子どもの目の前で壊してしまいました」

「不登校のこの子さえいなければ……と思ってしまう」

「『お母さん』って呼ばれるけど、無視してしまいます」

「わかっていても、優しくできません」

という感情です。

陰性感情は「毒」[3]のようなものです。言語化して外に出さないと、こころの健康を損ないます。こうした陰性感情を言葉にすると、たいていの場合は「あなたもつらいと思うけど、一番つらいのは子どもなのよ」と言われてしまいます。その言葉の裏には「子どもを憎いとか、嫌いになってはいけない」「つらくても、子どもに愛情をかけないといけない」というメッセージが隠されています。そのため、せっかく出しかけた陰性感情を、またこころの奥に閉じ込めてしまうのです。

〈事例〉自分の苛立ちを言葉にしたとき

Yさんは、子どもが不登校になったとき仕事を辞めました。仕事を辞めて子どもに愛情をかければ、学校に行くようになると思ったからです。

しかし、好きな仕事を辞めて、毎日毎日子どもと四六時中一緒にいる生活は、とてもストレスがたまりました。そのうち、ゲームばかりをしてダラダラしている子どもが許せなくなってきました。昼夜逆転の生活をする子どもを厳しく叱ってしまいました。

夫にも、「ちょっとは、子どものことを考えてよ」と厳しい口調で責めてしまいました。だんだん家族の関係が壊れていくのがわかりました。

「私は、学校に行かないでゴロゴロしている子どもを見ると、イライラしてきて……子どもに愛情を……。でも、どうしても甘えているとしか思えない。私が仕事を辞めてまで頑張っているのに、この子はちっとも学校に行こうとしない。土日はすべて子どものために使っているのに……。もう、不登校の子どもの親でいるのに疲れました。子どもを車に乗せて、そのまま死のうと思ったことがあります」と、誰にも言えなかった気持ちを言葉にしました。

そんなふうに思うことすらいけないと、抑えこんでいた自分の苛立ちを言葉にすることができました。

やがて、「子どものために」と我慢をしていたのは、不登校を解決することで自分が安心したかったことに気づきます。その後、Yさんは大好きだった保育士の仕事に復帰しました。そのことを一番喜んでくれたのは、他ならぬ不登校をしている我が子でした。

支援を拒否する親たちの心情

担任が家庭訪問をすると、「もう、家《うち》のことはほっといてください！」と、支援を拒否する親がいます。二十年前に比べて増えたように思えます。なぜ、孤立している親が、支援を拒否するのでしょうか。

親が、様々な機関や学校関係に相談すると、「生活リズムを整えることが大切です。学校に行けなくても、朝はきちんと起こすようにしてください」「ゲームは制限をしないと依存してしまいます」などのアドバイスを受けることがあります。

しかし、子どもが不登校になったとき、生活リズムを整えたり、一日にできるゲームの時間を決めたりするのは難しいです。場合によっては暴言を吐いたり、物を投げたり、壁に穴を開けたりして抵抗する子どももいます。〝子どものために〟と頑張ることが、結果的に子どもを追い詰めてしまうのです。

こうした出口の見えないトンネルに入ってしまった状況の中では、相談機関のアドバイスは親にとって重荷となってきます。

つまり、親が支援を拒否する言葉には「できないことをいろいろ指示されるくらいなら『ほっといてください』」という願いが隠れています。それは、支援を拒否しているのではなくて、救いを求める言葉です。

そもそも、生活リズムが崩れて昼夜逆転の生活を始めたのは、子どもが自分のこころが壊れるのを守ろうとしている結果（方法）であって、それが不登校の原因であるとは限りません。その不安を受けとめることよりも、コントロールすることを優先すれば、子どもが荒れていくのは当然と言わねばなりません。

主体は子ども自身

高垣[4)]は「不登校状態にいる子どもと向き合う際に、まるで機械やロボットを操作し、コントロールするように向き合うことは、子どもを追い詰めることにしかならない」と述べていますが、支援内容が子どものコントロールになる場合、親子の葛藤が激しくなり親も一緒に追い詰めてしまいます。

不登校を解決したり、抜け出したりする主体は子どもであって、周りの大人ではありません。

〈不登校の〉子どもは、誰かに適度に依存をしながら社会的自立の道を歩む[5]わけですが、その最も身近な相手が親です。

親が、不登校の解決をしようとする〈焦る〉のか、子どもの命を見つめながら理解を深めようとするのか、子どもにとっては、その差は大きいと言えます。親のあたたかいまなざしに支えられながら、子どもが自らの道を自分のペースで歩むことを願い、「星の会」はこれからも親のこころの声を聴いていきます。

［文献］
1）梶田叡一『子どもの自己概念と教育〈増補版〉』東京大学出版会、一九八七年、八二―九七頁
2）高松里『セルフヘルプ・グループとサポート・グループ実施ガイド』金剛出版、二〇〇四年
3）岡知史『セルフヘルプグループ』星和書店、一九九九年
4）高垣忠一郎『競争社会に向き合う自己肯定感』新日本出版社、二〇〇四年、二〇四―二〇八頁

5）河合隼雄『Q＆Aこころの子育て――誕生から思春期までの48章』、朝日新聞社、一九九九年、二〇六―二〇九頁

（加嶋文哉）

第2章

学校、教師や
スクールカウンセラーの対応

1 上手な登校刺激の与え方と留意点

不登校は、子どもが学校を長期に欠席することにより学習と社会性を身につける機会を失うということにおいて、子どもの人生に大きな不利益を与えます。さらに昨今の子どもをめぐる深刻な問題であるいじめ・貧困とも重なる部分があります。不登校問題はこのように重要な意味をもつにもかかわらず、有効な手だてが見えないまま長期間経過してきています。

ここでは不登校の全体像についてまず概観し、その理解のあり方、見立て方、対応のあり方についてチェックリストを用いて述べます。

不登校の全体像

不登校が一般に広まったのは昭和五十年代からですが、平成に入って急激に増加し、小・中学生の年間不登校数が二万人を超えました。それに対して国は適応指導教室の設置やスクールカウンセラーの配置など様々な施策を行ってきましたが、それにもかかわらず不登校は平成十三年度まで増え続け、これをピークとしてその後は微減微増を繰り返し、平成二十五年度からまた増加に転じました。

筆者は、減少しない理由として、不登校の全体像が把握されていないこと、そのために適切な対応ができていないと考えて、相談機関で関わった事例を中心に分類して三つの内容の違うタイプがあることを明らかにしました。これを図示すると図1のようになります。不登校の対応を考えるときには、まずこの三つのタイプのどれに該当するか見立ててから動かなければ、

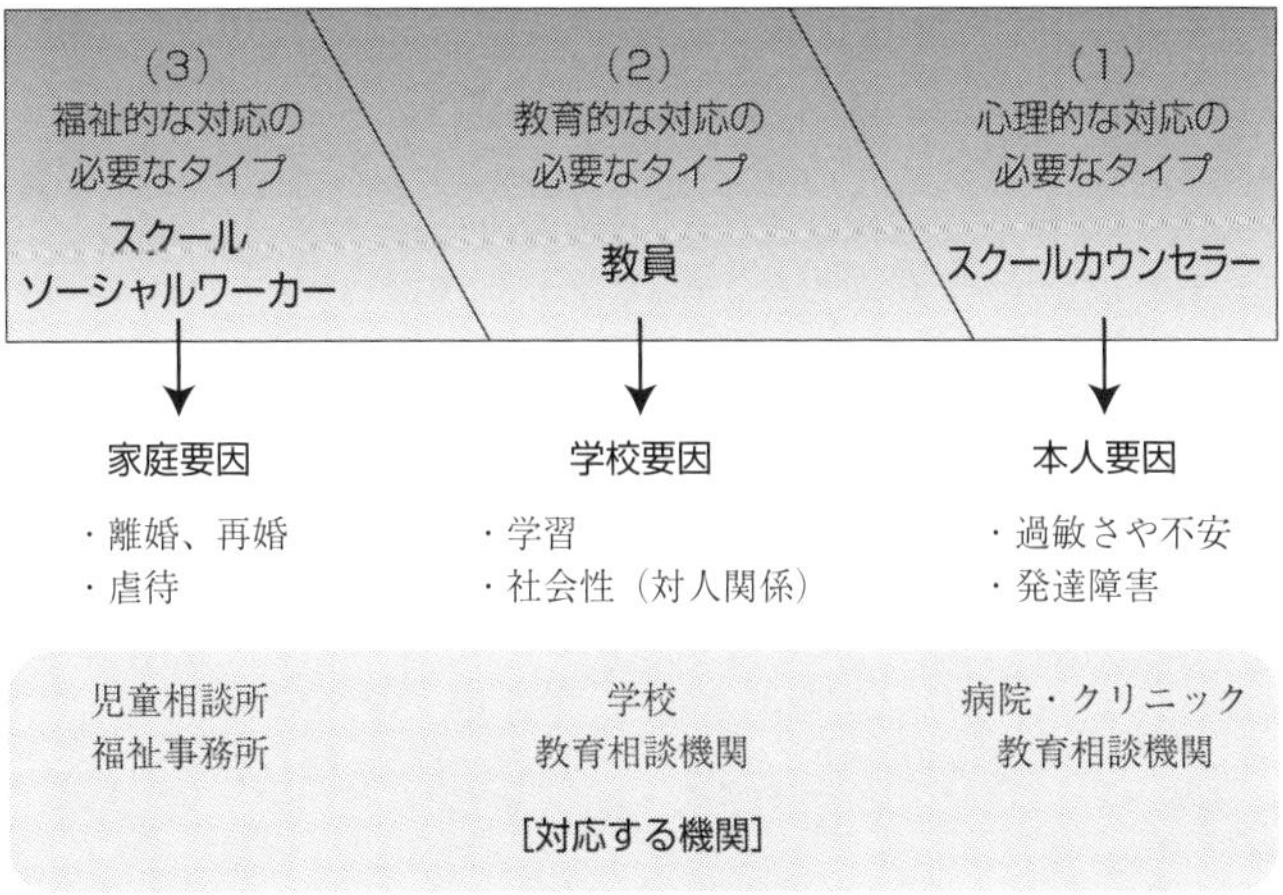

図1●不登校の全体像

適切な対応を導くことはできません。それぞれのタイプの内容を次に示します。

●心理的な対応の必要なタイプ（本人要因）

子ども自身のもつ性格的な資質（過敏さや不安・緊張など）から集団生活になじみにくく、不適応から不登校へと進む場合です。

最近増えている発達障害もこのタイプに入ると考えられます。ＡＤＨＤ（注意欠如・多動症）やＬＤ（学習障害）で、生まれつき脳の機能障害をもっているために集団生活に適応できず、その結果不登校になる場合です。

このタイプへの対応は心理治療やトレーニングであり、スクールカウンセラー（ＳＣ）や養護教諭・教育相談担当教諭が担っており、病院やクリニック、教育相談機関との連携が必要です。

●教育的な対応の必要なタイプ（学校要因）

学校生活における問題、特に「学習」と「対人関係」でつまずきやトラブルがあった場合です。学習に関していえば、学校生活の大部分は授業時間が占めており、そこで勉強がわからなくなれば、学校生活が苦痛になり登校意欲は減退します。一方では、勉強に自信をもって頑張っていた子が、高校受験で失敗したり高校入学後に成績が急落したことで挫折感をもち、不登校になる場合も少なくありません。

対人関係では、もともと引っ込み思案でうまく友達の中にとけ込めなければ、学校生活は楽しくなく、休みがちになり不登校へとつながります。一方で元気が良く自己主張の強い子も、時として集団から排斥されることがあります。教師の普段の観察と適切な介入が必要となります。この部分への対応は担任をはじめ教員が担うもので、学級経営や授業・部活動の中できめ細かい指導が求められます。

●福祉的な対応の必要なタイプ（家庭要因）

家庭生活での子どもへの負因が大きかったり、家庭生活そのものが成り立たないために不登校になる場合です。

親の病気や死別、離婚・再婚は子どもにとって深刻かつ重大な事態です。最近では虐待もこのタイプに含まれます。身体的・精神的虐待の実態は悲惨そのものですが、ネグレクトといわれる育児放棄も深刻です。このような家庭生活の負因に対して生活の立て直しをすることは家族だけでは難しい場合が多く、その意味で福祉的対応が必要になります。

この部分への対応は、これまでは学校が福祉機関と連携して行ってきましたが、近年スクールソーシャルワーカー（ＳＳＷ）が教育委員会に配置されつつあり、より教育に密着した形の福祉的支援ができるようになってきています。児童相談所や家庭児童相談室、地域の民生委員との連携が必要となります。

「タイプ分けチェックリスト」

不登校を見立てるためには、まず前述の三つのタイプのどれに当てはまるかを見立ててから対応しなければ適切な対応はできません。

またその際、不登校がどのように始まり経過していったかという要素を組み合わせて判断する必要があります。特別な問題も見られなかったものが急に不適応状態を示す「急性型」と、日ごろから休みがちであった子どもが気がついたら不登校状態であったという「慢性型」です。

要因と型を組み合わせてタイプを見立てるために、経験の多少にかかわらず、誰でも見当がつけられるようにチェックリストを作成しました（表１）。このチェックリストを不登校状態

表1●タイプ分けチェックリスト

当てはまる……○　　やや当てはまる……△　　当てはまらない……×

氏名（　　　　　　　　　　）	小・中・高（　　年）男・女

A　心理的要因をもつ急性型		B　心理的要因をもつ慢性型	
①感受性鋭く、深く悩む		①敏感すぎる（音・光・言葉・雰囲気）	
②まじめ、几帳面である		②おとなしく、目立たない	
③こだわりをもつ		③何事に対しても不安緊張が高い	
④友達はいる		④友達をつくるのが苦手	
⑤成績は悪くない		⑤学習の基礎でつまずく	
⑥思春期の不安・葛藤が強い		⑥心身ともに丈夫でない	
⑦神経症的な状態を示す		⑦頭痛、腹痛などを訴える	
⑧親に養育・保護能力はある		⑧親自身に不安や不全感がある	
⑨発達に問題は感じられない		⑨発達上の問題が感じられる（心理治療を要するレベル）	

C　教育的要因をもつ急性型		D　教育的要因をもつ慢性型	
①性格は明るく活発なほうである		①内気で自己主張が上手でない	
②勉強や運動を頑張っていた		②勉強が少しずつ遅れてきた	
③友達をつくる力がある		③友達関係が維持できない	
④家庭環境は健全である		④家庭が過保護・過干渉である	
⑤友達とのトラブルがある（いじめ等）		⑤学級崩壊を経験している	
⑥教師の強すぎる叱責、厳しすぎる指導		⑥教師の指導力不足（本人に・学級に）	
⑦学習の挫折（伸び悩み・急落・失敗）		⑦進級・入学等で環境の変化がある	
⑧発達上の問題はない		⑧発達に弱さがある（教育的支援で改善可能）	

E　福祉的要因をもつ急性型		F　福祉的要因をもつ慢性型	
①家庭生活の急激な変化があった（親の不仲・病気・死・離婚・再婚・リストラ）		①家庭崩壊がある	
②最近顔色が悪く、表情が暗くなった		②不安や不信の表情がある	
③最近投げやりな態度が目立った		③反抗や不服従がみられる	
④学習意欲が減退し、成績が急落した		④経済的に困窮している	
⑤短期間に適応力が低下した		⑤親が長期的病気である	
⑥親に保護をする精神的余裕がない		⑥親の保護能力（衣食住）が低い	
⑦最近服装の汚れや、忘れ物が目立った		⑦虐待が疑われる	
⑧発達上の問題はない		⑧発達上の問題がある（能力があっても育っていない）	

の子どもについて記入し、〇が多くついた部分がその子のタイプといえます。

「状態像チェックリスト」

多くの相談事例を分析すると、タイプのいかんにかかわらず、実際に不登校になるとほぼ同じような段階を通って進んでいくことがわかりました。「前兆期」「初期」「中期」「後期」「社会復帰」の五つの段階です。

不登校に関わるときはタイプを見立てるだけでなく、今どの段階にいるのかを見立てなければ適切な対応はできません。その際に使ってもらいたいのが、「状態像チェックリスト」（表２）です。ここまで見立ててきて初めて、今この子に何をすればよいのかが決まってくるのです。

「回復を援助する関わり方チェックリスト」

現在の段階がわかれば、次の「回復を援助する関わり方チェックリスト」（表３）を見て、その段階に合った援助を行えばいいということです。言い換えれば、この表３がその段階で行うべき登校刺激といえます。

例えば、現在「初期」であるとわかれば、「つらさに共感し、薬や保温の世話をする」「食事の工夫や眠りやすいように配慮する」などをこころがければいいということです。「中期」であれば「(子どもの言動に)関心をもって一緒に活動する」「わずかなことでも認め、褒めることなどが有効です。「進路や学習の情報を具体的に提供する」などは、まさに学校からの登校刺激といえるでしょう。

これはあくまでも目安なので、数週間から数カ月実践してみてあまり手ごたえがなければ、もう一度情報を見直し見立てを変える必要があります。

不登校の子どもたちへの適切な対応を願って

不登校の子どもたちと本格的に関わるようになって三十年近くが経ちますが、いまだに適切な理解がなされていないと痛感することが多々あります。カウンセリングの中で関係者に話を聞くと、不登校が続く子どものことを「あの子は無気力で働きかけても動いてくれないのです」とか、「とても不安が強くて友達が誘っても黙っているだけです」「部活動でトラブルがあ

表２●状態像チェックリスト

氏名＿＿＿＿＿＿＿＿＿＿＿＿＿＿＿＿＿＿
小・中・高（　　年）男・女

十分確認できる……………………○
確認できるが十分とはいえない…△
確認できない………………………×

（月／日）	／	／	／	／	／
〈初期〉不安定・混乱期					
①腹痛・頭痛・発熱など身体症状がある					
②食欲・睡眠時間等の生活の乱れがある					
③物や人に当たるなど攻撃性がある					
④感情や行動のコントロールができない					
⑤気力が低下する					
⑥恐怖感が強く、人目を避け外出しない					
⑦学校の話題に激しい拒否感を示す					
→（これ以上悪くならない感じ）					
〈中期〉膠着・安定期					
①気持ちが外に向き、活動の意欲が出る					
②趣味や遊びに関心がわく					
③気持ちを言葉で表現する					
④きっかけになった出来事に触れても混乱がない					
⑤同じことの繰り返しがなくなり膠着状態から脱する					
⑥手伝いや家族への気遣いをする					
⑦部屋の掃除や髪のカットなど整理・区切りをする					
⑧気の置けない友人に会う					
⑨子どもの状態に配慮する先生に会える					
⑩教育センターや適応教室に通い始める					
→（思考・行動に方向性をもつ）					
〈後期〉回復・試行期					
①自分を肯定する言葉が出てくる					
②進学や就職の話をするときに笑顔が現れる					
③アルバイトや学習を始める					
④担任や級友など学校関係者に会う					
⑤登校や進学・就職に向けて動き出す					
⑥不登校のことを振り返る					
→（自立の動きが実現する）					

チェックリストの見方：初期は経過とともに○が減り、中期・後期は○が増える。

表3●回復を援助する関わり方チェックリスト

氏名＿＿＿＿＿＿＿＿＿＿＿＿＿＿

小・中・高（　　年）男・女

十分確認できる……………………○
確認できるが十分とはいえない…△
確認できない………………………×

(月／日)	／	／	／	／	／
〈初期〉安定させる					
①つらさに共感し、薬や保温の世話をする					
②食事の工夫や眠りやすいように配慮する					
③干渉を控える等心理的な刺激を減らす					
④本人に対して非難・強制しない					
⑤迎え・訪問・電話等は本人がいやがる場合は控える					
⑥親が本人を守る姿勢を示す					
〈中期〉エネルギーを貯めさせる					
①子どもの言動に期待しすぎず、ゆとりをもって見守る					
②関心をもって一緒に活動する					
③きっかけになったことが語られたときは、じっくり聴く					
④わずかなことでも認め、褒める					
⑤進路や学習の情報を上手に提供する					
⑥状況打開の見通しと希望を上手に与える					
⑦担任や友人から接触がある					
⑧相談員が学校と連携をとる					
〈後期〉活動への援助					
①本人のすることに信頼感をもつ					
②進路・学習・就職などの情報を具体的に提供する					
③活動へ具体的援助をする					
④受け入れの態勢作りをする（学校・進路先）					
⑤振り返りにつきあい、納得していく援助をする					

ったようで、それから休むようになりました」など、様々な状況を聞きます。

しかし多くの場合は、長年の不登校の結果として、子どもがそのような状態を示しているのです。もともとはどんな子だったのでしょうか。どの子にも無邪気に遊んでいた幼児期があったはずですが、それがどのような経過で今、無気力な中学生として不登校になっているのだろうかと、その子のこれまで歩んできた道筋を思いやらずにはいられません。

ほとんどの子どもが、学校には行ければ行きたいと思っています。それなのに、いじめがあったり、勉強がわからなかったり、あるいは親が朝起こしてくれず朝食も作ってくれなかったり、子ども自身では解決できないような出来事が続き、その結果、不登校に陥っている事例のなんと多いことでしょう。

相談に来た子どもに、「あなたは少しも悪くないよ」「運が悪かったね」「その中でよく頑張ってきたね」と語りかけたケースはとても多かったのです。そういう子どもを救いたいという願いの中で、少しでも多くの関係者に「その子の今」を見るだけではなくて、その子の過去、背景、状態を理解してもらいたいと、できるだけわかりやすく表示したのが、図1の不登校の全体像であり、表1〜3の三つのチェックリストです。何が何でも登校させようという気持ちだけではなく、一歩下がってその子とその家族のこれまでの道のりに思いをはせる手がかりとして活用していただければ幸いです。

そして、登校刺激の三つのポイントである、

①小さな話題から出す。

②反応がよくないときはすぐに引っ込める。

③成否については後日家庭に確認する。

この三点に配慮して臆せずに関わりをもち、学校に行くことを望んでいる子どもたちを救ってほしいと願っています。

（小澤美代子）

〔文献〕

1）小澤美代子『上手な登校刺激の与え方』ほんの森出版、二〇〇三年

2）小澤美代子『〈タイプ別・段階別〉続　上手な登校刺激の与え方』ほんの森出版、二〇〇六年

3）文部科学省「平成25年度『児童生徒の問題行動等生徒指導上の諸問題に関する調査』について」二〇一四年

Chapter Two

学校、教師やスクールカウンセラーの対応

2
スクールカウンセラーの関わりと心構え

初期対応　〝登校渋り〟

筆者は、スクールカウンセラー（SC）として登校渋りや、不登校の子どもたちに毎年出会いますが、不登校とひと言でいいましてもその子どもたちの様相や背景は本当にさまざまです。

二〇〇六（平成十八）年度に不登校であった中学三年生四万一〇四三人を対象に、文部科学省がその五年後の状況等の追跡調査を実施した『不登校に関する実態調査——平成18年度不登校生徒に関する追跡調査報告書』[1)] が二〇一四（平成二十六）年に公表されました。それによると、いったん欠席状態が長期化するとその回復が困難である傾向がわかった一方で、学校を休み始めた時期と長期化した時期との間にタイムラグが生じていることから、一定の「潜在期間」を経て不登校になることが指摘されています。したがって、遅刻や欠席が増え始めた〝登校渋り〟の段階から早期に対応していくことが非常に大事だと思います。このような初期対応に、スクールカウンセラーは校内で日々関わっています。

先の報告書によると、不登校の主な継続理由は、「無気力でなんとなく学校へ行かなかったため」四三・六%、「身体の調子が悪いと感じたり、ぼんやりとした不安があったため」四二・九%、「いやがらせやいじめをする生徒の存在や友人との人間関係のため」四〇・六%、「朝起きられないなど、生活リズムが乱れていたため」三三・五%、「勉強についていけなかったため」二六・九%、「学校に行かないことを悪く思わないため」二五・一%、となっています。

また、中学校三年間に受けていた主な支援は、次の通りです。

「学校にいる相談員（スクールカウンセラー等）」三四・〇%、「学校の先生」二九・五%、「病院・診療所」二四・一%、「養護教諭」二三・六%、「教育支援センター（適応指導教室）」一九・七%、「何も利用しなかった」二二・五%。

さらに、不登校経験者が、「不登校により、何を得て、何を失ったと考えているか」を分析した結果は、不登校の時期を「自分に必要だった」と肯定的にとらえている生徒は、二十歳になった時点での適応状態や自尊感情も高いという結果を得ています。一九九三（平成五）年度の同様の調査結果からもわかるように、その人が今を生きている状況や満足感によって不登校へのとらえ方は大きく左右されることが、改めて確認されたといえます。

スクールカウンセラーは、自分が関わった不登校の児童生徒が、その後どんな人生を送っていくのか追っていきたい気持ちを常に抱きながら、子どもたちを次の進路につなげ送り出す役目が大きいと思っています。

〈事例１〉中学一年生のA君の場合

A君は朝になかなか起きられず遅刻や欠席が多いため、担任教諭からの紹介でスクールカウンセラーがA君から話を聞きました。

A君は、「朝、学校に来る決心がつかない。宿題がまだ終わってないとか、今日は体育があると思うと何となく嫌な気持ちになる。だけど、誰かが迎えに来てくれると行く気になる。家にいてもやることはないし」と話してくれました。

A君は、出身小学校から不登校傾向が強いと申し送りを受けていましたので、中学校入学直後から教職員がこまめに声をかけ、家庭とも連絡を取り合っていました。そしてしばらくの間は、A君宅に学年の教員が毎朝電話を入れてから交代で迎えに行きました。すると、徐々に一人通学が安定し、学校行事や学業への取組みにも力強さが出てきました。

これは、早期対応により、不登校には至らなかった事例です。

不登校の背景

不登校や登校渋りの背景には、学業不振等の学習面、いじめ問題など友人関係、思春期特有の自己意識や劣等感、家庭の問題、貧困の問題、教員との関係、本人の性格、コミュニケーションの問題、発達の問題や精神疾患など、さまざまな要因が見受けられます。

現代の日本は、第三次産業が全労働者人口の七五％を占めています。この高度消費社会においては、複雑な人間関係において相手の気持ちを鋭く汲み取り、他者とうまくコミュニケーションを図る能力が重要視されます。例えば、企業の就職採用面接においても、リーダーシップやプレゼン力、発想力や交渉力、調整力が試されます。

農林業や漁業など自然の恩恵を利用した第一次産業、技術を磨き、もの作りが中心の第二次産業、そこで働く人が多かった時代は、社会が求めるスキルも違ったように思います。このような日本社会の変化は、子どもたちを取り巻く文化や価値観に大きく影響を及ぼし、学校教育においても、コミュニケーションスキルやストレスマネジメント、アサーショントレーニング教育などを取り入れ始めました。対人関係上の繊細なルールや暗黙の了解などを察知することが苦手な子どもにとっては、学校コミュニティの中で失敗体験を重ね、劣等感につながる場面が多々あるように思います。とくに、発達障害によりコミュニケーションの障害や感覚過敏などがありますと、周囲の子どもたちと柔軟に疎通を図ったり学級内の騒がしさや時間割に従って次々に行動を切り替えていく忙しさに耐えられず、へとへとに疲れる場合が多いようです。

相談室登校

徳田[2)]は、不登校の分類を子どもの適応スタイルに応じて、①過剰適応型、②受動型、③衝動統制未熟型、④混合型、の四つを提案しています。

また、文部科学省の不登校研究班は、不登校を無気力型、遊び・非行型、人間関係型、複合型、その他型、の五つに類型化しました（平成二十六年）。

筆者は、不登校の児童生徒については、主に次のような観点からアセスメントを行い、対応することが必要だと思っています。

①身体面（健康状態、運動面、身体の特徴など）
②心理面（発達・認知の特徴、性格、情緒、対人関係の特徴、コミュニケーションなど）
③社会・学習面（学業面、学級内の人間関係、学校行事や部活動等への参加態度、教職員との関係、保護者や生育環境など）

その上で、不登校状態に対する保護者の受け止め方、学校側の認識と対応、本人の希望などを整理しながら、その子どもに合った具体的方略を考え、教員や保護者と連携を図りつつ、PDCA（Plan-Do-Check-Action）サイクルで対応を進めていきます[3)]。教員と子どもをつなぎ、親と子どもをつなぎ、子どもと社会をつなぐための対策を講じていくことが、スクールカウンセラーの役目だと思います。

場合によっては、適応指導教室（教育支援センター）や教育相談センター（室）、医療・保健・福祉機関、司法矯正機関との連携も欠かせません。とくに医療機関との連携は重要で、背後に起立性調節障害（3章－2参照）やうつ傾向、自傷や希死念慮、強迫神経症、統合失調症、発達障害、パニック障害など様々な病理や症状を抱える子どもたちがいますので、適時に医療受診を勧めることが肝要です（3章－1、3章－2参照）。

不登校の子どもたちが相談室登校や保健室登校につながれば、相談室でカウンセリングや学習、給食などを共にしながら、少しずつ活動の幅を広げ進路指導などに導いていきます。保護者対応は大きな柱の一つですので、並行して、保護者側の苛立ちや焦りが子どもを追い詰めないようサポートすることを心がけます。なかには、子どもへの直接対応にはつながらず、保護者面談のみが長期に続くケースもあります。

〈事例2〉中学2年生のB子さんの場合

B子さんは、さみだれ登校から本格的に学校を欠席するようになって一カ月半が経ったある日、ようやく母親に伴われて来校しました。スクールカウンセラーと雑談をしているうちにB子さんは、「一年生のときは、新しい学校だから頑張ってクラスメートに声をかけて友達を作ったけれどすごく疲れた。好きでもないアイドルや男子の話もした。それなのに二年生でクラス替えになったら、話せるような友達はいなくなった。部活もつまらない。一年のときのようにはもう頑張れない。今は塾だけでも良いかな。学校は疲れるし、ゆっくりしたい。だけど、毎朝お母さんが大声で怒鳴っているし……」と話してくれました。

別途、保護者からも話をうかがうと、このままでは高校進学も危うくなると思い、両親共にどうしても焦りが強くなり、叱ってきたそうです。お母様は、カウンセリングを通して来歴を振り返るなかで、娘の性格や疲れに気づかれたようでした。その後しばらくして、B子さんは教育支援センター（適応指導教室）に通うようになりました。

不登校対応の心構え

数年前のことですが、高校時代に不登校経験のある成人男性から、どんなカウンセラーとの出会いが良かったかと話を聞いたことがあります。自分の話を否定せずにひたすら聞いて面白がってくれたカウンセラー、そして学校に行かなくても大丈夫と言いながら、進路について選択肢を三つくらいは示してくれるカウンセラーと話していると、視野が広がり気持ちが楽になった、と教えてくれました。

もちろん児童生徒によっては、いくつもの選択肢からは選べない、かえって混乱するという子どももいますが、支援者の心構えとしては常に複数の方針は用意しておきたいものです。

不登校対応の心構えとしては、次のような視点が大切だと思います。

・学校復帰にこだわり過ぎず「将来の社会復帰」「社会的自立」「自分探し」を支援する。
・人生の中で、必要な「自分崩しと自分育て」に苦しみながら取り組んでいるととらえる。
・学校外の社会資源（人材や機関）も視野に入れ、連携ネットワークのなかで支援する。
・働きかけることや関わりを持ちながらも待つことの重要性を、教職員間で共有する。
・保護者の役割と家庭への支援を心がける。
・進路については幅広い情報を提供し、本人の選択を応援する。

不登校児童生徒数の推移

不登校児童生徒数の推移は、序章の図１（三頁）の通りです。

平成二十五年度は、全国で前年度から約七〇〇〇名の不登校児童生徒数の増加がみられました。この結果を踏まえて、国は総合的な不登校施策を検討するために「不登校に関する調査研究協力者会議」を平成二十七年一月に発足させました。不登校の要因・背景の多様化と教育が果たす役割、貧困、学力、発達障害の問題、学校制度やフリースクール等を含む支援体制などさまざまな角度から協議を重ねており、中間報告に向けて筆者も委員を務めています。

学年別不登校の児童生徒数（平成二十六年度）は、序章の図4（七頁）の通りです。中学一年で急速に不登校が増加する傾向は最近何年も続いています。「中1ギャップ」（新しい環境の変化にうまく対応できずに心身の不調を訴えたり、不登校やいじめ問題が増加する現象）への対応も必要です。

スクールカウンセラー等活用事業

最後に、スクールカウンセラー等活用事業について少し説明します。平成七（一九九五）年度、当時の文部省は不登校の急増や深刻ないじめ問題への対応として、全国の公立小・中・高等学校一五四校を対象としてスクールカウンセラー活用調査研究委託事業（平成七〜十二年度）を開始しました。この事業は現在に至るまで中学校配置を中心に飛躍的に発展し、平成十八年度に一万校を超え、平成二十六年度は二万二三一〇校への配置が実現しました。当事業は、平成十三年度からはスクールカウンセラー活用事業補助に替わり、現在は国庫補助率三分の一となっています。また、平成二十五年度からは「いじめ対策等総合推進事業」のメニューとして実施されています。

事業補助になってからは、地方自治体の実情に合わせた運営が求められており、公立学校全校配置が実現した地域がある一方、巡回や拠点校方式に留まっている地域もあります。勤務時間も三〜八時間／日など格差があるのが実情です。また、平成二十一年度からは「準カウンセラー」が導入され、より多様な人材が学校現場に配置されることになりました。

東京都では、平成二十五年度より公立の全小・中・高等学校に年間三五回配置されています。平成二十七年度の配置校数は二二〇五校です。また、東京都教育委員会「いじめ総合対策」（平成二十六年）によりいじめの早期発見のため、スクールカウンセラーによる児童生徒全員面接（小五・中一・高一対象）が全都で一斉に実施されています[4]。

「スクールカウンセラーは、教員とは異なり、成績の評価などを行わない第三者的な存在であるため、児童生徒・保護者が気兼ねなくカウンセリングを受けることができた」「〝児童生徒と教員〟とは、別の枠組み・人間関係で相談することができる」という評価がされています。これらの観点から、スクールカウンセラー任用において「高度な専門性」と「第三者性・外部性」の両立が倫理上の前提として重要視されてきた歴史を理解しながら、さらに専門領域として確立していくための実践と研究を重ねていくことが求められていると実感しています。

［文献］

1)文部科学省「不登校に関する実態調査——平成18年度不登校生徒に関する追跡調査報告書」二〇一四年
2)徳田仁子「不登校・引きこもり問題の理解と対応」、本間友巳（編著）『学校臨床』金子書房、二〇一二年
3)石川悦子「スクールカウンセラー活動に当たっての点検事項」、村瀬嘉代子（監修）・東京学校臨床心理研究会（編）『学校が求めるスクールカウンセラー——アセスメントとコンサルテーションを中心に』遠見書房、二〇一三年
4)村山正治「スクールカウンセリング事業の展開」、『臨床心理学増刊第3号スクールカウンセリング——経験知・実践知とローカリティ』金剛出版、二〇一一年

（石川悦子）

3 学級経営と校長・担任の役割：いじめ問題への対応

不登校の問題は、その「登校しない」という問題の背景に、いじめや発達障害、児童虐待、学校の相談体制や教師の学級経営の力量など多様な要因が複雑に絡んでいます。ここでは、いじめ問題について、現状と対応を論じます。

いじめ問題は、二〇一一年の大津市の事件を契機に再び社会問題化しています。この事件を契機として、「いじめ防止対策推進法」が成立し、各地方教育行政や学校ごとに「いじめ防止対策委員会」や、いじめが起こったときに調査を行う第三者委員会などが設置されました。本法律の中には、予防教育として、道徳教育や体験学習の充実、早期発見の措置、相談体制の整備なども取り入れられています。ＱＵアンケートやいじめアンケートなど、いじめや学校生活に関するアンケートが各学校で実施されていますが、いじめ自死事件は依然、起こっています。いじめに関するアンケートで「いじめられている」と記入していたにもかかわらず、何ら対応されていないケースも多いのです。

　ここで留意したいことは、各種の調査や各自治体や学校の取組みをしても効果がない、と言っているのではないということです。調査の結果と、学校現場で感じている実感との類似点と相違点を冷静に考え、子どもたちの「生き生きと学ぶ場」をどうやって創り出していくかが大切です。いじめ問題は、マスコミに大きく取り上げられると一定期間、社会問題化するだけで、実際にはいじめは深く潜行し、変容していきます。そしてそれが今、学校や社会の深刻な問題として顕在化しているのです。一時期新聞報道で大きく取り上げられた「学級崩壊」も最近は取り上げられないために少なくなっているかの印象を受けますが、実際に学校現場に行ってみると、学級崩壊は以前よりも広がっている印象を受けます。特に小学校では、学校内暴力の件数が平成二十六年度は過去最高でした。マスコミ報道から受ける印象に惑わされずに、学校現場や子どもたちがどのようになっているのか常に考えていくことが肝要です。

　一方、大人のいじめの問題であるパワー・ハラスメントはどうでしょうか。厚生労働省が平成二十一年度から行った調査[1)]では、過去三年間に「パワハラを受けたことがあるか」との問いには、全体の二五・三％が「経験あり」と回答しています。四人に一人は、過去三年間にパワハラの経験をしているということです。また、被害者は「何もしなかった」と四六・七％が回答しています。つまり、いじめは学校だけの問題ではなく、大人自身も含めた日本社会の問題であるという認識を持つことが重要であると思います。学校においても、校長・教頭や担任との関係、同学年担当教師間の人間関係が、いじめ防止やいじめが起こったときの対応に大きく影響します。相談しやすい学校組織文化があると、どんな小さなこともすぐに相談でき、対応できるからです。即時対応のためには、日常的にすぐに相談できるインフォーマルなコミュニケーションがとても大切です。どんな小さなことも、すぐに相談できる関係です。

不登校についての相談にのっていると、いじめがきっかけで学校に行けなくなっていることは多くあります。また、成人になっても対人恐怖や不安障害を主訴に来談される人の中に、小・中学校でいじめを受けた経験がずっとトラウマになっていることも多いのです。いじめは、生涯にわたって、いじめられた人を苦しめることになります。以前は、「いじめはどこにでもあること」「昔からいじめはあった」「いじめられる側にも問題はある」という論調で語られることもありました。しかし、昨今のいじめ問題では、そのようなことで語られることは少なくなりました。文部科学省と警察庁の発表の件数は違いますが、毎年一〇〇名前後の子どもたちが自ら命を絶っています。いじめがすべての原因ではありませんが、いじめられて命を絶つ子どもが後を絶たないのです。

いじめ問題の変遷

●いじめ問題は大きく四期に分けられる

第一期は、一九八六年の俗に「葬式ごっこ事件」とも言われる「東京都中野区富士見中学いじめ自殺事件」の頃からで、その時期からいじめが社会問題化しました。文部省（現文部科学省。以下、文科省）がいじめの調査を始めたのもその時期です。それ以前は、「いじめ」という言葉があっても、子ども同士の喧嘩であり、学校の中でおさまるものだという風潮がありましたが、この葬式ごっこ事件に関しては、教師までもがそれに関与していたことで、裁判にもなりました。これにより、いじめ問題を学校全体、国全体で考えていくべきだと変わっていったのです。

第二期は、一九九四年の「愛知県西尾市中学生いじめ自殺事件」の頃からで、この事件は同級生に恐喝や暴行を受けて中学二年の男子生徒が自殺したのです。この事件を受けて、文科省はスクールカウンセラーの配置を決めました。スクールカウンセラーは主に臨床心理士であり、こころのケアやいじめの予防に当たっています。

第三期は、二〇〇六年に福岡の筑前町で起きた「中二いじめ自殺事件」の頃からで、いじめのきっかけが元担任教師による生徒たちに対する不適切な言動だったことから、いじめが再び社会的に注目を浴びることとなりました。この事件後、文科省はいじめの定義を変えました。従来は「自分より弱い者に対して一方的に、身体的・心理的攻撃を継続的に加え、相手が深刻な苦痛を感じているもの」としていましたが、「子どもが一定の人間関係のある者から、心理的・物理的攻撃を受けたことにより、精神的な苦痛を感じているもの」と概念を少し広げたのです。

第四期が、二〇一一年に起きた「大津市中二いじめ自殺事件」からで、事件前後の学校と教育委員会の対応が問題視されました。また大きな変化としては、これまで学校の中だけで解決していたのが、警察や市当局が介入するようになったことです。警察が学校教育に介入するということについて、教育の敗北なのか、子どもの生命を守るための連携の一つとして必要なことととらえるのかは、現在の学校の状況を考えるとき、大きな課題といえます。

●いじめの認知件数について

大きな事件が起きるといじめの認知件数は増えますが、マスコミがいじめを取り上げなくなるとその数は下がります。これは大きな事件が起こったときには、「後で何かあったら」と心配して学校側が教育委員会にいじめを報告するからだと推測できます。逆にいじめが社会的に大きく取り上げられていない時期にいじめの報告をすれば、教育委員会から指導の改善を求められることを恐れ、「言わないほうがまし」となるからです。また、校長の教員評価や学校評価が実施されている昨今においては、「いじめがあること」は学級経営や学校経営の問題であると指摘されることを心配して、担任や学校だけで対処しようという心理が働くことも理由として考えられます。

都道府県別の認知件数にも大きな開きがあります。大切なことは、いじめの認知件数が少ないことではなく、認知した後にどのように対応したのかであり、学校だけで対応できない事例は、教育委員会が予算をつけ、専門家を集中的に配置し、組織として対応していくことです。

図1は、文科省調査[2)]によるいじめ認知件数の推移です。いじめ問題がクローズアップされると認知件数は増えると先に述べましたが、例えば平成二十三年度は七万二三一件だったのに対して、大津事件後の平成二十四年のいじめ認知件数は一九万八一〇九件と、前年度の二・八倍を超えています。

なお、いじめの認知件数が増加傾向にある理由として、今までは潜在化していたものが顕在化していること、小さなことでも報告している影響も多いと思われます。また、不登校児童生徒数と違い、いじめに対する主観的要素があることも考えられます。つまり、いじめの認知件数の増加は、いじめそのものが増えている可能性と、学校がいじめをより深刻に受け止めている両面の可能性があるといえます。いじめの認知件数は今後も増加傾向にあると考えられますが、教育行政の責務は、「いじめの認知件数が多いところに、予算と人材を投入する」ことでしょう。

そして学校は、いじめは担任が他の教師から見えないところで行われているため、常に、いじめはどこの学級でも起こるということを常に意識しておく必要があります。

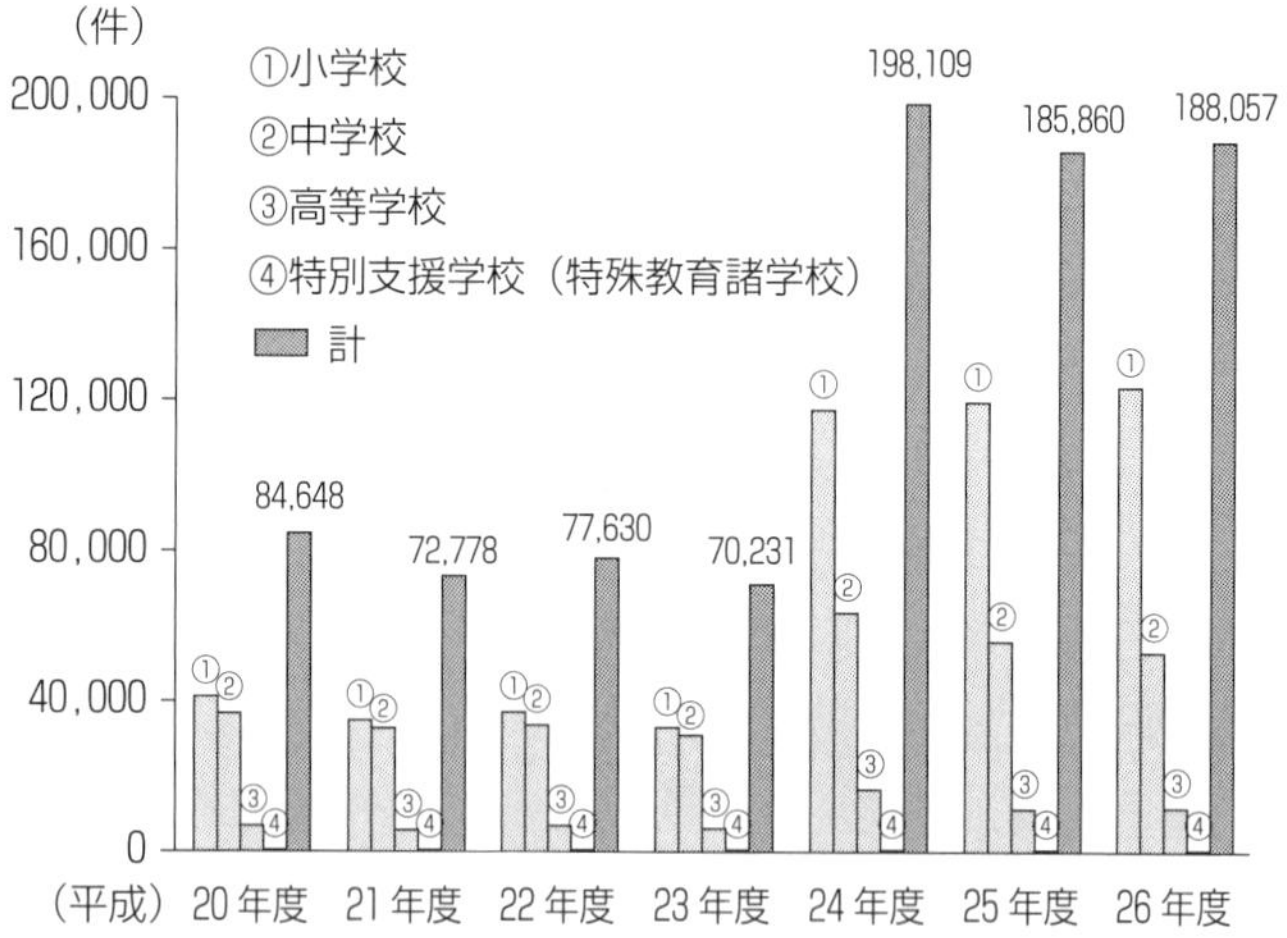

図１●いじめの認知（発生）件数の推移

出典：文献２より。

●現代型いじめの特徴と、ネット対策

最近のいじめの特徴は、いじめの対象には誰にでもなるという、「ロシアンルーレット型いじめ」であり、これは誰がいじめに遭うかわからないので、いつも誰もがいじめられはしないかと不安でドキドキしていなければならず、「いじめに加担しなければ、次は自分かもしれない」といじめが連鎖的に起きてしまうことにつながっています。いじめの構造が単純な「いじめる子」「いじめられる子」「観察者」「傍観者」という四層構造ではなくなったのが、現代型いじめの特徴です。いじめられている子どもが、命令されて他の子どもをいじめることもあります。

また、携帯電話とパソコンの普及によって、誹謗中傷をネットで流す「なりすましいじめ」は、第三期以降は大きな問題となっています。ある日突然、自分の携帯電話に知らない人から連続して誹謗中傷の文面が送られてくる、それが誰なのかがわからない。対象がわかっている場合よりももっと不安な状況になり、人間不信に陥る。ロシアンルーレットのたとえで言うと、誰がメンバーなのかもわからないという状況です。

企業には、「レピュテーションリスク」という概念があります。レピュテーション（Reputation）とは、企業へ対する一般の人が持っている印象ということで、レピュテーションリスクはそれ

が脅かされることです。今は、何かあると2チャンネルなどですぐに実名が出る時代です。一度ネット上に名前などが出されると、どんどん広がっていく書き込みを削除することは困難です。携帯電話やパソコンには、個人に対しての悪評や誹謗中傷などによるレピュテーションリスクがあることを、情報リテラシーの一つとしてしっかりと教えていくこと、また、警察のネットパトロールなどの専門家に相談することが必要です。

また、携帯電話会社などが行っている「情報リテラシーの出前授業」などを積極的に活用し、保護者と一緒に受講することも「いじめ防止の一つの対策」です。いじめが起こった際は、ネットや携帯電話での書き込みは、問題を一層こじらせてしまうため、この問題に関して、ネットや携帯での書き込みは禁止することを子どもたちに指導することも、問題の複雑化を防ぐ一つの手だてです。

ロシアンルーレット型いじめは、いじめの加害者と被害者がいつ入れ換わるのか、わからない状況です。昨日までは友人だったのが、携帯電話のやりとり一つで、いじめる―いじめられる関係になることも多いのです。子どもたちのそういった状況が見えなくなっている一つの要因として、集団で子どもたちを見ていく発想が教師の側に弱くなっていることもあげられます。フォーマルな集団の状況だけで判断し、インフォーマルな集団を観る観察眼が衰えてきているのです。

いじめはインフォーマルな関係の中で起こることが多いので、子どもたちの休み時間の様子や、子どもたちとの会話の中から、子どもたちのインフォーマルな関係を常に把握しておくことが求められます。

「いじめ」という言葉で括られる問題

「いじめ」という言葉で括られる事象には、①けんか、②いたずら、③悪ふざけ、④冗談、⑤遊び、⑥いやがらせ、⑦からかい、⑧恐喝（たかり）、⑨暴行、⑩傷害、が含まれています。⑦のからかいの中には、ネットでの誹謗中傷も含まれます。⑥のいやがらせも内容によっては犯罪です。つまり、⑥から⑨は犯罪なのですが、犯罪を「いじめ」という言葉で表現すると軽いもののようになってしまうのです。それを放置せずに、いじめは犯罪である、ということを子どもたちにしっかりと伝える必要があります。子どもたちが、犯罪であることを知らないでいじめを行っているとしたら、それを教えていない教師に責任があります。

一方、いじめ事件が大きく報道される度に、①のけんかや、②のいたずらも「いじめ」と判断されがちです。人間が二人以上集まれば、軋轢が生じ、けんかが生まれることもあります。その中で、子どもたちは、暴力によらない解決方法を見つけていくようにすることが、教師の役割です。一クラス三五人、多感な子どもたちが日常的に過ごす中で、トラブルが何も起こらないほうが不思議です。大切なことは、小さなトラブルのうちに、子どもたちに、人権意識やトラブルの解決方法・ストレスコーピング（ストレス対処法）を教えていくことです。

事例からいじめ問題の対策を考える

●質問紙と観察を通しての組織的対応

今はＱＵアンケートやストレスチェック等、いろいろな質問紙が開発されています。「いじめはありますか」と聞いて、「ある」と答えることには勇気が必要です。しかし、ＱＵアンケートやストレスチェック等を使って間接的に聞くことで、いじめられている可能性のある児童生徒を見つけることができます。大切なことは、質問紙と教師の観察を組み合わせることです。

いじめ防止対策推進法が施行されてから、学校においては、いじめに関する記名・無記名のアンケートが、従来よりも増加傾向にあります。しかし、ただアンケートを実施するだけでは、児童生徒からみれば、対応してもらえたという実感がないので、次からは「いじめられている」「いじめを見た」という事実を書かなくなります。いじめ自殺事件が起こった後、アンケートを精査したときに、「いじめの記述があった」という報告が近年相次いでいます。この種のアンケートは、いじめの全体像を把握することが目的ではありません。いじめられている児童生徒をサポートすることが第一の目的です。そのためには、次のことが必要です。

①アンケートを実施したその日に、担任はアンケートを読み、「気になる記述」「気になる児童生徒」を把握する。

②担任は学年会で報告する。

③校長・教頭、生徒指導担当の教員は、「気になる児童生徒の一覧」を作成し、養護教諭やスクールカウンセラーなども含めた生徒指導部会など開き、現状の把握と対応を話し合う。

上記のことを行うためには、アンケート実施日に、アンケートを読む時間を確保し、生徒指導部会をその週の内に設定しておく必要があります。つまり、アンケートは「子どもたちの生命やこころを守る」ためのものであるという認識が必要です。

校長は学校教育の責任者であるとともに、教員評価制度が導入されて以来、教員の評価者として位置づけられています。いじめや不登校などネガティブな問題に対し、担任に責任があるという側面が強調されると、担任は、「児童生徒のありのままの実態を報告したくない」という心理が働きます。いじめの認知調査において、その認知件数が大きないじめ問題が起こる前と起こった後ではまったく違うことに象徴されるように、この心理は教育委員会と校長の関係においても同様に働きます。よって管理する側は、指導目的ではなく、「いじめ問題に対しサポートします」という姿勢をもち、それを常に発信していくことが求められるのです。

次に、いじめの対応について、筆者が担当した事例を通して検討しましょう。

〈事例１〉ハイリスク群への対応

Ａ中学校からストレスマネジメント教育を頼まれて、三回に分けて行ったことがある。その際、毎回ストレスチェックを行った。そして、その日のうちにハイリスク群を学校に報告した。

その際、「この四名の女子生徒のストレス度が高いのは理解に苦しむ」という担任の話があった。いつも、明るくまじめにしている生徒たちだった。スクールカウンセラー（以下、ＳＣ）と管理職も交えて話をして、様子を観察することになった。さらに、部活動の顧問の先生にも、この四人の生徒の様子を観察してもらうことになった。

すると、部活動の先生が四人の様子の異変に気づき、ＳＣが話を聴くことになった。その中で、先輩からいじめられていることが発覚した。部活動顧問・担任・管理職・ＳＣが被害者側と加害者側の子どもの話を聞き、その後、保護者を呼んで話し合いが行われた。それ以降、いじめはなくなった。

調査は必要である。しかし、毎回同じ調査をして、「いじめられた」と記入しても、何の対応もしてもらえなければ、調査そのものが惰性的なものになる。特に小学校四年生以上の前思春期に入ると、「いじめられている」と話すことが自分の自尊心を傷つけることになること、また、先生に相談することでいじめがひどくなるのではないかと不安に思うことから、誰にも相談しない場合が多い。調査と観察、そして、担任以外の外部者の観察が必要であり、対応にはＳＣを交えて、慎重に対応していくことが必要である。

〈事例2〉落ち着いて見えた学級でのいじめ

Ｂ小学校では生活アンケートを毎学期行い、いじめについても調査を行っていた。小学校四年生のとき、「学級崩壊」の状況になり、担任が何人か入れ替わっている。小学校五年生になり、指導力があるベテランの女性教師が担任となった。学級は落ち着き、授業でも活発な意見が交わされるようになった。また、体育会や委員会活動などでも、落ち着いて活動に取り組めるようになり、管理職も含めて、学級が落ち着いたことに安堵していた。

しかし、十月のある日、担任が中休みに忘れ物を取りに教室に入ると、男子児童が数名、まじめでおとなしい男子児童を蹴ったり叩いたりしていた。これはおかしいと思い、管理職にも相談し、「聞き取り調査」を始めた。そこで、出てきたことは、暴力や無視のいじめが五月頃から継続的に行われていたこと、男子児童の中にヒエラルキーができており、命令する人・命令されていじめる人・いじめられる人の構造があり、いじめられる児童は男子だったり、女子だったり、定期的に替わっていたという実態が明らかになった。表面上は指導力のある教師に合わせているが、教師のいないところでは中心になる児童が、見張り役を立てて、教師がいない時間や放課後などに継続的にいじめを行っていたのである。いじめは、教師がいるところでは通常は行われない。もし、教師の前で行われているとしたら、学級崩壊に近い状態である。

校長を中心に、全教職員が一人ひとりの児童と面談し、事実確認と指導を行い、ＳＣがいじめられた子どもと保護者のカウンセリングを行った。それとともに、中学校の先生や外部講師を呼んで、構成的エンカウンターグループや体育・音楽の授業などを行い、学級集団の立て直しを行った。このように、いじめの問題は、個別の対応と集団作りの二つの視点でのケアが必要である。

事例1と2からわかるように、担任一人でいじめの問題を解決することは困難です。場合によっては、担任の言動によっていじめが助長されることもあります。いじめは、大人に気づかれないように行われます。例えば、けんかの場面を見たときに、いじめられている子に聞いても、「ただのけんかだよ」と笑っていたから、と見過ごされる場合も多くあります。それをそのまま「笑っていたから大丈夫」と受け流すことは危険です。そして、「いじめに気づき、対応することは、担任一人では難しい」という強い自覚が教師には求められます。

対応にあたっては、校長を中心とした対応チームを作り、時には、SCや大学教員、教育委員会などの外部者も交えての緊急の対策会議が必要な場合もあります。また、継続した対応として、授業の中でいじめ問題を取り上げたり、構成的エンカウンターやアサーショントレーニング、ストレスマネジメントなどをSCとともに行っていくことが、いじめ予防には有効です。

●学校に求められる予防と対応

①管理職は、児童生徒の名前と顔を覚えておく。少なくとも、気になる児童生徒については、知っておくことが求められる。全職員で、気になる児童生徒の顔と名前は共有する。

②職員会や生徒指導部会だけではなく、昼休みや放課後など、インフォーマルな会話を大切にする。

③アンケートと児童生徒の観察、担任や部活顧問・養護教諭・保護者などの情報を常に集めておく。

④カリキュラムの中に、体験型の「こころの授業」の組み込み、研修会を実施する。

いじめが起こったときの対応

●緊急対応チームの派遣

現在、いじめ防止対策委員会が各自治体に設置されています。いじめを予防するために何が必要なのかを検討すること、いじめが起こったときに事実調査を第三者が行うことは必要なことです。実際に何を行い、どのような効果があり、課題は何かを検討するためです。

緊急対応で一番大切なことは、「いじめ問題の渦中」にある学校をサポートする体制です。事実関係を調査し、いじめた側・いじめられた側の児童生徒を指導し、保護者会を開き、その後の経過を教育委員会に報告しなければなりません。

ただでさえ、多忙な学校現場では、その対応だけで疲弊してしまいます。そこで必要なことは、学校だけでは対応できない場合に、緊急でサポートするチームを学校現場に派遣することです。また、授業が成立していない学級でいじめが起こる場合があるため、実践力（授業力・指導力）のある指導主事を派遣し、指導主事が授業を行うことも必要です。また、臨床心理士も派遣し、被害者や加害者の児童生徒のこころのケアも求められます。しかし、学校だけで対応できない事象に対して、指導主事が指導に入ってきても、教員としては、指導に従い、報告書を書く時間が増えるだけの場合もあります。それを避けるには、指導主事が実際に子どもの指導に当たることも必要です。これは、担任教師のモデルとしての機能も持つことになります。

また調査の方法も、子どものこころを傷つけない方法が必要です。それには、臨床心理士が助言できます。また、出席停止処分を行ったとしても、その児童生徒への指導とケアが継続的に必要になります。従来の緊急対応チームは、長くても一週間でしたが、私が提案する緊急対応チームは、少なくとも一カ月は学校に滞在し、実践を通して学校を支援していきます。特に荒れた中学校ではこれが必要です。また、警察の少年課などを退職したＯＢを臨時職員として採用することも有効な措置です。実際にスクールサポーターという名称などで、警察ＯＢを配置している自治体もあります。

犯罪に近いいじめが繰り返されている荒れた中学校などでは、教員だけで学校を立て直していくことは難問です。警察ＯＢは少年犯罪に詳しく、少々荒れた生徒に対しても動じることはありません。その職員に、いじめの犯罪についての授業を行ってもらったり、警察との連携の窓口になってもらったりすることも有効でしょう。フォーマルに学校と警察が連携することに抵抗がある教職員も、インフォーマルに情報交換をしてもらうことによって、学校外の組織と生徒の関係を把握し、その関係を断ち切ることが可能になります。

対策には、人もお金もかかります。しかし、現在の日本の学校の状況を考えたとき、予算と人材をつけない専門家の対応策の提案は、絵に描いた餅に終わります。そして、マスコミが取り上げなくなると、いじめ問題は沈静化されたような印象を与え、また忘れたころに社会問題となるのです。それを、日本の教育現場では繰り返してきています。根本的な対応が求められる所以です。

「黄金の三日間」を有効に

教育には『黄金の三日間』という言葉があります。新年度、新しい学級を持ったときの最初の三日間のことです。このときに、子どもたちに「どう接するか、何を伝えるか」が鍵であり、その後の教育活動に大きな影響を与えます。心理学では「初頭効果」といい、最初の出来事は「記憶に残る」ことが確認されています。

臨床心理面接の場合は、最初の面接で時間・場所、治療目標や制限（してはいけないこと）などの「契約」を行います。これが、臨床心理面接を行う上での「枠」です。教育現場には「契約」という言葉や概念はなじみませんが、今後は、児童生徒や保護者とこの「枠」のようなものについて契約を結ぶことが求められます。これを提示するのが、黄金の三日間です。そのために、黄金の三日間をどのように対応するか検討する時間が必要です。四月は異動や年度末の資料の作成、年度初めで教員は疲弊したまま、新しい学級を持つのが現状です。これを打破するために、春休みを三日間でも長くすることが必要だと私は思います。

ここでいう契約とは、子どもたちと保護者に、学級経営案をしっかりと具体的に提示することです。学級経営案を管理職に提出する教員は多いのですが、児童生徒や保護者に提示する教員は少ないと思います。しかし、本来は教育を受ける児童生徒にしっかりと説明し、同意を得るべきものだと私は考えます。その中に、いじめのこと、体罰のこともしっかりと記述し、説明をしておくことが肝要です。いじめとはどんなものか、暴力・恐喝は犯罪であること、いじめを受けたときには、担任もしくは他の先生にすぐに相談することなどをしっかりと教えておくことです。体罰についても、直接その先生には話しにくいでしょうから、体罰を受けた場合、養護教諭や校長に相談することなども話しておくのです。

子どもの教育は、全て学校の責任ではありません。朝食を食べさせる、宿題をさせるなど、家庭の責任を明確にしておくことも求められます。学校経営方針と学年経営方針、そして、学級経営方針を明示すべきです。その中でトラブルが起こった場合、次に記したレベル１からレベル５の対応をすることを明記しておくことも必要です。専門機関は、相談機関や児童相談所・警察です。

●学校教育方針説明会→学校経営方針：具体的レベル（事前に全員参加を提起）

学級懇談会で、学年・学級経営案を提示し、同意を得ます。そして、予想されるトラブルを例示し、トラブルが起こった場合、「話を聞きました」等の確認の返事を求めるなど、最初に伝えておくことが肝要です。

・レベル1：子どもだけで解決できる→家庭には連絡しません。学級通信・懇談会で伝えます。
・レベル2：家庭の理解が必要→電話か連絡帳で家庭に連絡します。
・レベル3：家庭の協力が必要→保護者に来校してもらうか、家庭訪問をします。
・レベル4：学級全体の協力が必要です→臨時懇談会を開きます。
・レベル5：専門機関との連携が必要です。

最初に、児童生徒と保護者に対して、いじめ・体罰が起こったときにどう対応するのかを明示しておくことで、いじめや体罰に対する意識は高まるものと思われます。

＊

いじめは日本だけの問題ではありません。先進国にはいじめの問題が存在し、様々な対応がとられています。例えば、毎週「いじめや人権に関する授業」をする国や、物理的・時間的死角をなくすために、中休み・昼休み・放課後にスクールガード（観察員）を雇用している国もあります。

いじめに遭ったときは、すぐに相談することがとても大事です。大人ならば、本音を言える人（ソーシャルサポート）が、会社の人、あるいは家族や友人に一人いれば、その人に話すだけでずいぶん楽になります。

子どもなら、友達、先生、あるいは家族に本音を話せる人がいればいいのですが、それは子どもにとってなかなか難しいことです。特に前思春期に入った小学校高学年になると、いじめに遭ったことを話すのは、自分の自尊心を傷つけることにつながるので、黙っていることが多くなります。また、相談することでさらにいじめがひどくなるのではないか、という不安が大きくなります。教師や親、そして小児科・内科などのかかりつけの医師が、いつもと違う感じだと思ったら、少し学校の話を聞いてあげることも必要でしょう。

前述した中教審答申で提案されている「チーム学校」の理念が、児童生徒や保護者の間に実効性を持っていくことが求められています。

［文献・資料］

1)厚生労働省「職場のパワーハラスメントに関する実態調査報告書」（平成24年度厚生労働省委託事業。事業委託先：東京海上日動リスクコンサルティング株式会社）

従業員（正社員）三〇人以上の企業約一万七〇〇〇社および民間企業に勤務している者九〇〇〇名に対して、二〇一二年七月から九月にアンケートを実施したもの。
http://www.mhlw.go.jp/stf/houdou/2r98520000002qx6t.html

2）文部科学省初等中等教育局児童生徒課「平成26年度『児童生徒の問題行動等生徒指導上の諸問題に関する調査』における『いじめ』に関する調査結果について」（二〇一五年十一月二十七日）
http://www.mext.go.jp/b_menu/houdou/27/10/__icsFiles/afieldfile/2015/11/06/1363297_01_1.pdf

3）文部科学省「生徒指導上の諸問題の現状と文部科学省の施策について」二〇一一年

4）原清治・山内乾史（編著）『ネットいじめはなぜ「痛い」のか』ミネルヴァ書房、二〇一一年

5）増田健太郎「いじめ問題の背景とその解決策を探る」、『フォーＮＥＴ』vol.167、二〇一二年

6）増田健太郎「いじめ問題への構造的介入」、『臨床心理学』第一三巻五号、二〇一三年

7）増田健太郎・小川康弘『教師・ＳＣのための心理教育素材集』遠見書房、二〇一五年

（増田健太郎）

第3章

不登校について
医学的知見と対応

Chapter Three

不登校について医学的知見と対応

1 不登校と身体症状の関係

不登校と身体症状

子どもは、成人に比べて、自分の内面を言葉にする能力が十分に発達していません。そのため、精神的ストレスやこころの葛藤を身体症状として表現することが多いと考えられています。Campoら[1]は、一般の子どもに出現しやすい身体症状について文献研究を行い、頭痛（一〇〜三〇%）や腹痛（一〇〜二五%）などの繰り返し出現する痛みが最も多く、その他、倦怠感や嘔気・嘔吐などが多かったと報告しています。

また、不登校の子どもの多くが、その経過中に腹痛や頭痛などの身体症状を訴えることもよく知られています。齊藤ら[2]は、不登校の問題で児童精神科外来を受診した小中学生のうち、約七〇%が何らかの身体症状を訴えていること、学校へ行けない理由として、「身体症状のために学校へ行けない」が、いじめなどの「仲間との関係」に次いで第二位であったと報告しています。さらに齊藤ら[3)]は、不登校に伴う身体症状は、その八〇%が、不登校が始まる二カ月前から不登校発現時までの期間に集中して出現していることから、身体症状はストレス状況や葛藤の高まりを表現する「サイン」として理解できると述べています。

しかし、不登校児童と身体症状の関係を詳しく見ていくと、両者の間にはいくつかのパターンがあるようです。小児科などの医療機関を受診して、「異常がない」「精神的なもの」と診断されたとしても、身体症状の経過は一様ではありません。不登校の発現前後の時期に出現した身体症状が、不登校という状態を本人および周囲がある程度理解し受け入れるのに伴って速やかに消失するケースもあれば、長期間にわたって身体症状が持続し、なかなか支援が展開しないケースもあります。

筆者[4)]は、以前、身体症状を伴う不登校の小中学生の追跡調査を行ったことがあります。ケースを、①不安型（不安症状を伴っている）、②抑うつ型（抑うつ症状を伴っている）、③身体表現型（不安感や抑うつ感よりも、身体症状へのとらわれやこだわりが優勢である）に分類し、身体症状や不登校の期間などについて検討したところ、身体表現型は身体症状が長期化しやすく不登校も長期化しやすいといった特徴を認めました。また、身体症状の持続期間と不登校期間は正の相関関係にあり、身体症状を認める時期の子どもへの対応が、不登校の支援において重要な位置を占めていることが示唆されました。

不登校に関連する身体症状として、いわゆる「身体医学的検査で異常が認められない身体症状」がよく知られていますが、肺炎や骨折などの急性疾患が不登校の引き金になることもありますし、すでに罹患している慢性疾患の悪化や、「過敏性腸症候群」などのいわゆる心身症との関連も認められます。ここでは、不登校と関連する身体症状について概説し、身体症状を伴う不登校児童の支援についてその要点を述べてみたいと思います。

不登校と関連する身体症状の分類

不登校と関連する身体症状は、表１のように大きく三つに分類されます。

●心理的要因が関与しない身体疾患

子どもが、肺炎や骨折など様々な身体疾患になり、入院や自宅療養を余儀なくされ、長期間学校を休むことになった後で、身体疾患は治ったのに学校に行きたがらなくなることが、時にあります。また、慢性の疾患で入院を繰り返すうちに登校を嫌がるようになるケースもあります。

これらの身体疾患は、心理的要因が直接関与する病気ではありませんが、不登校の発現に影響を及ぼすことがあります。主なパターンとしては、次のようなことが考えられます。

①身体疾患になる以前から、学校生活にストレスを抱えながらも何とか登校していた子どもが、たまたま病気になって学校を休んだことをきっかけに、緊張の糸が切れ、頑張る気力が失せてしまったと理解できるパターンです。この場合、体の病気は、無理をして何とか頑張って登校してきた子どもにとって、「もう

表１●不登校と関連する身体症状

1．心理的要因が関与しない身体疾患
例：肺炎、骨折、様々な慢性疾患

2．心身症
例：過敏性腸症候群、気管支喘息、アトピー性皮膚炎など

3．心理状態と関連して出現する身体症状
例：腹痛、頭痛、倦怠感、嘔気など
①不安症状に伴う身体症状
②抑うつ症状に伴う身体症状
③身体表現性障害

これ以上頑張らなくていいよ」という一種のドクターストップの役割を果たしたとも考えられます。

②身体疾患のために学校を長期間、あるいは頻回に休むことになった結果、学業の遅れや友人関係からの孤立など、学校生活の困難さが出現し、登校しにくくなるパターンです。つまり、病気で休んだことによって学校生活のストレスが生じ、登校への「敷居」が高くなってしまったと考えられます。

③深刻な怪我などの整形外科的疾患や難治性の身体疾患のために、例えばこれまで意欲的に取り組んできた部活動ができなくなるなど、制限された日常生活を送らざるをえなくなり、学校を含む生活全体への意欲が低下し不登校に至るパターンです。

●心身症

心身症とは、「身体疾患の中で、その発症や経過に心理社会的因子が密接に関与し、器質的ないし機能的障害が認められる病態をいい、神経症やうつ病など、他の精神疾患に伴う身体症状は除外する」と定義されています。つまり、症状が良くなったり悪くなったりするのに心理社会的な要因が関係している身体疾患で、過敏性腸症候群、気管支喘息、アトピー性皮膚炎などがあります。

例えば、気管支喘息のうち、発作の出現や経過に心理社会的因子が関与し、身体治療だけでは症状が軽くならず、環境調整や心理療法等によるストレス緩和を要する病態が、「心身症としての気管支喘息」ということになります。

学校生活において、何らかのストレスが高じたために、心身症としての身体症状が出現・悪化し、そのために登校できない状況に陥ることは容易に考えられます。また、不登校だった子どもが再登校しようとすると、不安や緊張が高まって心身症としての身体症状が悪化する、というパターンもあります。

●心理状態と関連して出現する身体症状

前項の「心理的要因が関与しない身体疾患」と「心身症」のような身体症状とは異なり、身体医学的検査で異常を認めないにもかかわらず、腹痛や頭痛などの疼痛や、倦怠感、嘔気など様々な身体症状が出現することがあります。これらは、不登校に伴う身体症状としては最も多く認められます。

不登校の子どもたちがこうした身体症状を訴え、小児科などの医療機関を受診した場合、身体医学的検査では異常がないため、「異常なし」「精神的なもの」と診断されることが多く、そうすると周囲の大人は、「気の持ちようでは」「頑張れば何とかなる」「もしかすると仮病では……」などと、とらえてしまいます。

しかし、ほとんどの子どもは、実際に、登校する時間になると腹痛や頭痛を自覚しています。こうした子どもの自覚と周囲の大人の認識とのすれ違いが、身体症状や不登校の経過に影響を及ぼすことも少なくありません。

筆者は、心理状態と関連して出現する身体症状を次の主な三つに分類して理解しています。

①不安症状に伴う身体症状

予期不安（学校の発表会で失敗したらどうしようなど、未来の出来事に対する不安）や分離不安（母親など愛着を持っている人から離れることに対する不安）など、不安感を抱いており、それに伴って身体症状が出現しているケースです。このタイプの子どもたちは、不安症状を自覚していることが多く、時間をかけて説明していくと、不安と身体症状の関連性を理解できるようになることも少なくありません。

したがって、このタイプの子どもには身体症状のつらさを理解しながら、彼らのもつ不安症状の改善に取り組むことに焦点を当てていくことになります。

②抑うつ症状に伴う身体症状

元気がない、すぐに悲しくなる、意欲がわかない、などの抑うつ症状に伴って、身体症状が出現しているケースです。子どもの抑うつ症状の一つとして、このような身体症状が出現しやすいことはよく知られています。筆者は「こころと体のエネルギーが消耗してしまって、その危険信号として体の症状が出ているのですよ」と説明しています。

このタイプの子どもに対しては、抑うつ症状の改善が優先されます。具体的には、心身の休養、環境改善（日常生活の負荷を軽減する、など）、物事のとらえ方・考え方の修正（何でも完璧にやろうとしない、など）などが挙げられます。

こうした対応をしても抑うつ症状が改善しない場合には、抗うつ薬などの薬物療法を行うこともありますが、その使用に際しては専門医が慎重に行う必要があります。このタイプの身体症状は、抑うつ症状の改善に伴って軽くなっていくのが一般的です。

③身体表現性障害

このタイプでは、診察や身体医学的検査に異常が認められず、医師から「身体疾患として異常がない」ことを保証されてもなかなか納得できず、繰り返し身体症状を訴えたり、さらなる医学的精査を求めたりします。また、こうした身体症状と日常生活上のストレスや葛藤との関連について考えることに抵抗し、なかなか意識化できないことも特徴です。腹痛や頭痛などの身体症状ばかりを訴え続け、学校にまつわる葛藤をなかなか言語化せず、「学校で困っていることや悩んでいることは別にありません」「痛みさえ良くなれば学校に行けるはずです」などと述べたり、小児科などで「異常がない」「精神的なもの」と言われたことに憤慨して別の医療機関を受診する、といったケースが身体表現性障害の大まかなイメージです。

したがって、このタイプの不登校の子どもたちの支援においては、体の症状への対応が極めて重要となります。

不登校の子どもたちの訴える身体症状への対応

次に、心理状態と関連して出現する身体症状への対応の要点について述べます。

●身体疾患と鑑別する

不登校という現象に伴って子どもが身体症状を訴えた際に、周囲の大人は「精神的なもの」と安易に解釈してしまいがちです。不登校支援の経験豊富な支援者ほど、そういった傾向は強いかもしれません。しかし、頭痛症状は、脳の病気などの身体疾患でも認められます。したがって、まず小児科などの医療機関を受診し、身体医学的診察や諸検査によって、身体疾患と鑑別してもらう必要があります。

心理状態と関連して出現している場合、身体疾患を除外されたのちも症状は持続するため、不安に感じた親子はさらに別の医療機関を受診する、といったことも珍しくありません。受診を繰り返すうちに、身体症状が強化され長引くこともある（後述）ので、早い段階で、親子が納得できるような、専門的な診察や検査を行う医療機関を受診することが望ましいと思います。こうして身体疾患を除外した上で、不登校に伴う「心理状態と関連して出現する身体症状」として対応していくことになります。

●身体症状を強化しない・長引かせない

身体症状の強化・長期化を防ぐためには、身体医学的検査は必要最小限にすることが大切です。初めに受診した医療機関での診察や検査が不十分であったため、別の医療機関でさらなる検査を行ったり、症状が改善しないからと同じ検査を何度も実施することで、子ども自身の身体症状への関心を高めたり、「自分は体の病気である」という認識を強化してしまう恐れがあるからです。

逆に、医療機関を受診しても、身体症状の大変さを汲んでもらえず、十分な診察や検査がないまま、医師から「異常はない」「精神的なもの」と片付けられてしまうと、子どもはますます身体症状に「しがみつく」こともあります。このように、医療機関の対応が身体症状の強化・長期化に「手を貸して」しまう可能性があります。

また、保護者が、身体症状を「詐病」や「怠け」ととらえて登校を強制したり、「身体症状がよくなれば登校できるはずだ」と考えて身体医学的検査や治療に躍起になるといった対応が、身体症状の長期化の要因となることもあります。したがって、身体症状への対応について、保護者に適切なアドバイスをすることがとても重要になります。

●身体症状の存在は認めつつ、現実的な対処法について考えたり、その背後にある心理的要因に焦点を当てていく

最後に、身体症状を訴える子どもに接する際に、筆者が普段心がけていることについて簡単に述べてみたいと思います。

子どもの精神科医である筆者が身体症状を伴う不登校の子どもたちと最初に出会うとき、彼

らの多くは既に小児科を受診し、身体的に異常がないと診断されています。そのため初診（初めての面接）の場面では、「それだけおなかが痛くなるって大変ですね」「頭が痛くなると何にもする気がしなくなりますよね」などと、まず、身体症状の存在を認め、そのつらさを汲むことから始めます。その上で、「前のお医者さんに『精神的なもの』って言われてどう思いましたか？」と聞いてみたり、「検査とかでは異常がなくてもおなかが痛くなったりすることはよくあるんですよね」などとコメントします。また、これまで鎮痛剤や整腸剤などを飲んでみたが一向によくならないと訴える子どもには、「そういう痛みって薬が効きにくいことが結構多いんですよね」などと返したりします。

こうした問いかけに対して子どもがどんな反応を示すかを観察し、その他の心身の状態や性格傾向、子どもを取り巻く環境など、子どもの全体像を評価しながら、どのタイプの身体症状であるのかを判断し、身体症状へのアプローチの仕方を定めていきます。

タイプによって対応は多少異なりますが、基本的には、身体症状についてはその存在を認めつつもあまり大きな関心を払わず、「体調と相談しながら、日常生活をどう工夫していくか一緒に考えよう」というスタンスで臨みます。そして、面接を通して、現実生活の工夫について一緒に考えたり、身体症状の背後にあるこころの葛藤に焦点を当てることによって、子どもが身体症状を「手放し」て、自分の課題に取り組めるように支援していくことを心がけています。

（山崎　透）

［文献］

1) Campo, J. U. & Fritish, S. L. : Somataization in children and adolescents. *A Journal of American Academy of Child and Adolescent Psychiatry*, 33, pp1223-1233, 1994.

2)齊藤万比古・山崎透・奥村直史ほか「登校拒否の成因および病態について⑴調査対象にみる〝登校拒否〟という現象⑵類型をめぐって⑶発現要因をめぐって（親用および教師用アンケートの比較検討）」『厚生省「精神・神経疾患研究委託費」２指－15、児童・思春期精神障害の成因及び治療に関する研究、平成３年度研究報告書』一九九二年、六九―七七頁

3)齊藤万比古・山崎透・笠原麻里ほか「国府台病院児童精神科外来における身体症状の現状および登校拒否に伴う身体症状について」『厚生省心身障害研究「親子の心の諸問題に関する研究」平成４年度研究報告書』一九九三年、二三―三二頁

4)山崎透「不登校に伴う身体化症状の遷延要因について」『児童青年精神医学とその近接領域』39⑸、一九九八年、四二〇―四三一頁

Chapter Three　不登校について医学的知見と対応

2 起立性調節障害が引き金となる不登校

最近、子どもたちの体とこころに起こっていること

学校で頭痛、腹痛、立ちくらみ、体のだるさなどを訴える子どもがたびたび保健室に来ます。顔色が悪くつらそうにして、保健室で休みたがる子どもも数多くいます。診療所や病院を受診しても、「どこも異常はない、しばらく様子を見ましょう」と診断されると、保護者も学校の先生も対応に困ります。挙句にあちこちの医療機関を転々と受診しているケースもあります。

〈事例〉ある高校生ケンタ君の場合

ある高校生、ケンタ君（仮名）は中学二年生まで元気に登校していましたが、一学期が

始まったころから、身体がだるく、気分も悪く、朝に起きられなくなりました。無理に起こすとふらついて倒れてしまいます。二週間ぐらいで体調が回復しましたが、中学三年生の春、再び同じ症状が現れました。

遅刻や欠席を繰り返すので、保護者も心配になりあちこちの病院で血液検査や脳のMRI検査などを受けましたが、異常がありませんでした。二学期にも症状が持続し遅刻や欠席を繰り返したので、前医に相談したところ精神科を紹介されました。精神科ではうつ病と診断され抗うつ剤を服用しましたが、一日中ボーッとするなど、かえって症状が悪化しました。三学期にも改善せず欠席続きでしたが、成績優秀なため進路指導の先生と相談し、「高校進学後は気持ちを一新して頑張る」と、全日制高校に進学しました。

高校進学後一カ月間は朝から登校できましたが、五月の連休明けからは、再び朝の起床困難、立ちくらみ、全身倦怠感が現れ、通学電車の中で倒れてしまいました。遅刻や欠席日数が増え、担当の先生から、「とにかく頑張って出席しなさい。このままでは留年だよ」と言われてしまいました。困り果てた保護者がインターネットで検索し、起立性調節障害ではないかと考え、筆者の外来を受診しました。発症からすでに約二年が経過していました。

　ケンタ君の診察では、保護者と別々に面接しました。思春期の子どもの診療では、保護者と子どもを同席診察すると子どもがほとんど何もしゃべらないことがあるからです。ケンタ君から直接、自分の症状を話してもらいました。
　ケンタ君は「朝になっても身体がだるく、無理に起きると、ふらふらして倒れそうになる。体を起こすと気分が悪くなり頭痛がする。昼過ぎになんとか起床できるけど、とても登校できるほど回復しない。でも夜は身体が楽になり、テレビをみたりゲームを楽しめる。早く寝ようと思うけど、なかなか眠れない」。この医療面接で、ケンタ君は温和で人によく気を遣う性格だとわかりました。

　ケンタ君の様々な症状（不定愁訴）は二つの要因から考える必要があります。一つは身体的問題です。とくに思春期では、起立性調節障害の可能性を考えます。二つ目は、心理社会的ストレスによる体調不良です。心理社会的ストレスには大きく分けて、学校ストレスと家庭ストレスがあります。身体的問題と心理社会的ストレスが複雑に絡み合って体調不良を起こしている可能性があるので、心身両面から病態を解き明かしていく必要があります。

起立性調節障害（ＯＤ）とはどんな病気？　不登校とは違うのでしょうか？

起立性調節障害（Orthostatic Dysregulation　以下、ＯＤ）は昭和三十年代後半に、ドイツから日本に紹介された病気です。疾患の原因は自律神経機能異常だと考えられていました。小児科外来でみかける自家中毒症、反復性腹痛、虚弱児、あるいはアレルギー体質などは、自律神経不安性が原因と考えられ、ＯＤもそう理解されていました。

一方で、当時、徐々に増加傾向にあった不登校の子どもにおいて、約七割以上に頭痛、腹痛、倦怠感、朝の起床困難があったことから、児童精神科領域ではＯＤにみられる身体症状は不登校の随伴症状であり身体疾患ではない、と考えられていました。すなわち、ＯＤは身体疾患か、不登校の身体症状か、学者間でも論争がありました。

ところが一九九〇年代から非侵襲的連続血圧測定装置などの新しいハイテク医療機器が登場し、筆者らがこれを用いた起立検査を臨床応用したところ、ＯＤの子どもたちに特有の検査異常を発見しました。その後、十数年間の臨床研究の結果、ＯＤは自律神経機能不全という遺伝素因のある身体的異常に加えて、心理社会的ストレスによって増悪（悪化）するという証拠が次々に明らかになり、心身両面からの治療が必要な心身症、と結論しました。

それまで論争になっていたODと不登校の診断についても、新しい診断方法（新起立試験）の導入によって、ODによる長期欠席か、ODを伴う不登校か、OD以外の原因で生じている不登校（学校不適応による不登校など）か、がかなり明確になり、適切な対応ができるようになりました。またODには少なくとも数種類のサブタイプ（後出）のあることが明らかになるなど、ODに関する科学的証拠が十分に蓄積したことから、日本小児心身医学会はODを心身症として取り扱い、筆者が中心となって診断治療ガイドラインを作成しました。現在、このガイドラインに沿った診療が全国に普及しています。

起立性調節障害の発症の仕組みは？

ここでODの発症の仕組みと症状について簡単に説明します。

人は起立すると、重力によって血液が下半身に貯留し、その結果、血圧が低下します。これを阻止するために自律神経系の一つである交感神経が興奮し、下半身の血管を収縮させ血圧を維持します。また、副交感神経活動が低下し心臓の拍動が増加し心拍出量を上げ、血圧を維持するように働きます。もし交感神経活動が低下していると、この代償機構が破綻して血圧は低下し、脳血流や全身への血流が低下します（図1）。そのため立ちくらみ、ふらつきが起こり、ひどくなれば失神します。

血液による酸素や栄養の供給が悪いので、疲れやすく疲労からの回復が遅れます。脳血流が悪いと思考力、集中力が低下します。心臓は代償性頻脈を起こし起立するだけで動悸がして身体がつらく感じます。身体を横にすると全身への血流が回復するため、症状が軽減し身体が楽になります。ODの子どもが頭を下げたり、すぐに横になりたがるのはこのためです。座っていても脳血流が低下するので、一時間の授業すら、かなり負担になります。

ここで重要なOD症状の特徴を述べます。自律神経の活動性には、二十四時間周期の日内リズム（概日リズム）があります。例えば、人は早朝になると交感神経活動が増えて身体を活性化し、夜には副交感神経活動が高まり身体を休養させます。ところがODでは、午前中に交感神経が活性化せず、後方にずれ込んできます。その結果、朝に身体が休止しているような状態になります。その一方で、深夜になっても交感神経の活動性が下がらず、夜は身体が元気になり、寝つきが悪くなります。夜更かしの朝寝坊で、怠け者のように見えますが、そうではなくて自律神経系の日内リズムが乱れているのです。ODの子どもたちに接する場合、この特徴は

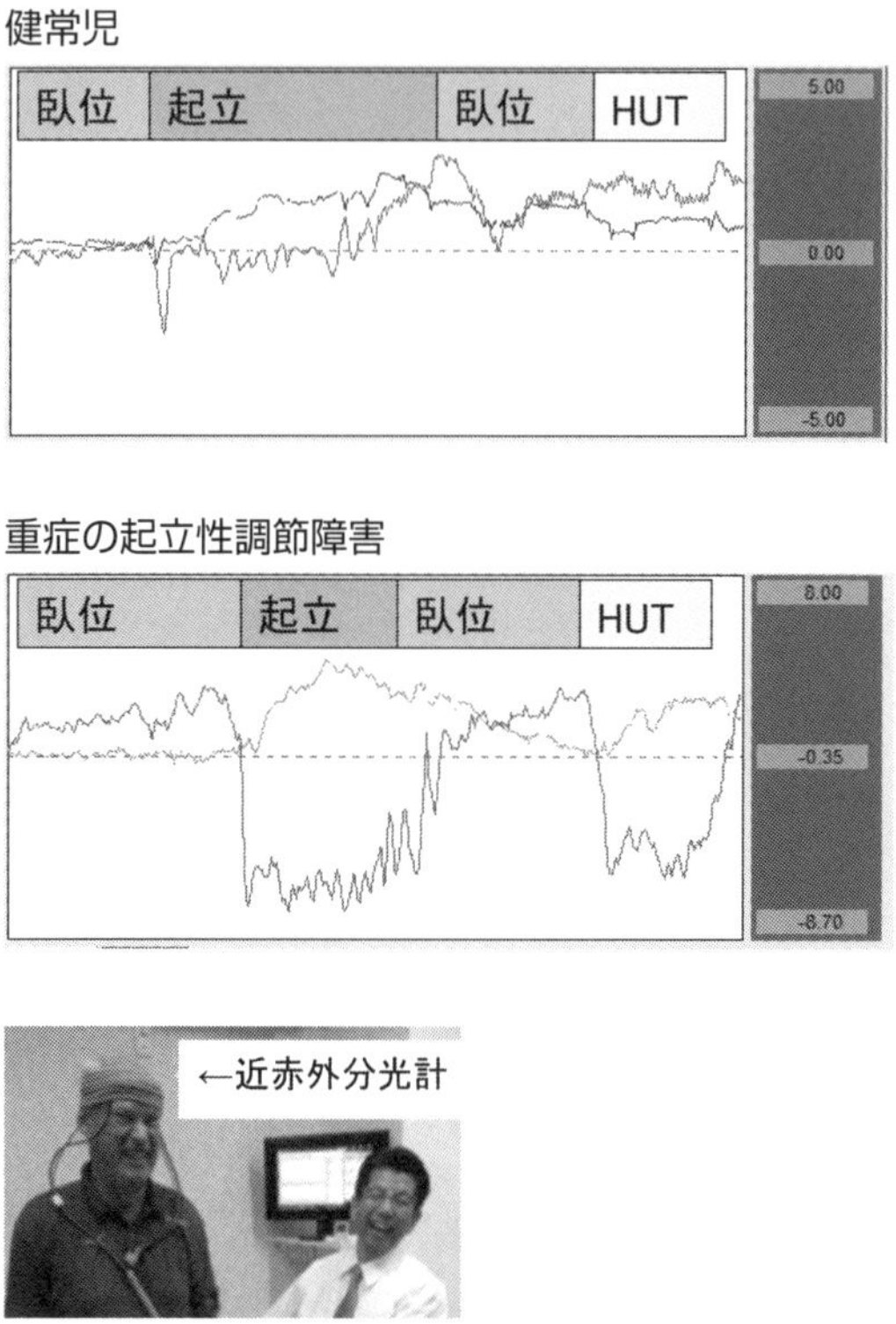

近赤外分光計による脳血流を表す脳内酸素化ヘモグロビン（濃い線）と、静脈血を表す脱酸素ヘモグロビン（薄い線）の起立時変化。
起立やヘッドアップチルト（傾斜台にもたれて起立）においても健常児では酸素化ヘモグロビンの変化が少ないが、重症の起立性調節障害では著しい低下を認める。
一番下の写真は、ウプサラ大学教授のボレス博士と筆者。

図１●近赤外分光計による起立時脳循環の変動

十分理解しておきましょう。

またODには季節変化があります。多くのケースでは、血管が拡張しやすい春先から夏の時期に悪化し、涼しくなる秋に体調が改善します。軽症例では秋には症状が消失することもあります。ところが逆に、秋から冬に悪化するケースもありますが、これは涼しくなると水分摂取が少なくなり循環血漿量が低下するためです。一方、重症例では年間を通してODの病態が改善せず体調不良が持続します。

起立性調節障害はどんな方法で診断するのでしょうか?

最初に基礎疾患を除外します。心疾患、内分泌系、神経系などの数多くの疾患も初期にはODと類似の症状を表すことがあります。血液尿検査、心電図、画像検査など一般的な検査は必ず行います。失神や失神様の症状があれば脳波検査やヘッドアップチルト試験も必要です。検査で異常がなければ、新起立試験を行い、心拍血圧反応の結果からODのサブタイプを判定します。いずれのタイプも脳血流が低下しさまざまな身体症状を伴います。

この中でも頻度の高い「起立直後性低血圧」については、診断がやや難しいのですが、非侵襲的連続血圧計（Finometer など）を備える専門的医療機関では容易に診断できます。起立直後性低血圧の診断基準は、血圧回復時間が二五秒以上、あるいは血圧回復時間が二〇秒以上でも非侵襲的連続血圧計で求めた起立直後平均血圧低下が臥位の六〇％以上です。

前述のケンタ君は起立直後性低血圧と診断されました。さまざまな体調不良の原因は起立直後性低血圧だったのです。ケンタ君親子は、やっと診断が確定し病気の原因がわかったことで

表１●起立性調節障害（OD）のサブタイプ

①起立直後性低血圧

起立直後に強い血圧低下および血圧回復の遅延が認められる。

起立後血圧回復時間≧25秒あるいは血圧回復時間≧20秒かつ非侵襲的連続血圧測定装置で求めた起立直後平均血圧低下≧60％

軽症型：起立中に血圧は徐々に回復する。

重症型：起立後３～７分に収縮期血圧低下が臥位時の15％以上を持続する。

②体位性頻脈症候群

起立中に血圧低下を伴わず、著しい心拍増加を認める。

起立３分以後心拍数≧115／分　　または、心拍数増加≧35／分

③血管迷走神経性失神

起立中に突然に収縮期と拡張期の血圧低下ならびに起立失調症状が出現し、意識低下や意識消失発作を生ずる。

④遷延性起立性低血圧

起立直後の血圧心拍は正常であるが、起立３～10分を経過して収縮期血圧が臥位時の15％以上、または20㎜Hg以上低下する。

とてもほっとしたようでした。お母様は「この病気がたとえすぐに治らなくても、これからどうしたらいいのか、わかっただけでも安心です」と涙を流しておられました。

ＯＤには起立直後性低血圧のほかに、「体位性頻脈症候群」「神経調節性失神」（新ガイドラインでは血管迷走神経性失神と改名）「遷延性起立性低血圧」などのサブタイプがあります（表１）。

体位性頻脈症候群は、起立時の血圧は正常で心拍数が一一五／分以上、あるいは、臥位と比較して起立時に三五／分以上の頻脈になります。ＯＤ特有の身体症状のほかに頭痛が強い傾向があります。

血管迷走神経性失神は、起立中に突然、血圧低下が起こって、立ちくらみ、気分不良や脳貧血を起こします。ひどい場合には意識消失やけいれん発作を伴います。

遷延性起立性低血圧は、起立直後の血圧心拍に異常は見られませんが、起立後三〜一〇分を経過して血圧低下を起こします。

このほかに起立直後に高血圧反応を示す「高反応型」や心拍血圧反応に異常のない「脳血流低下型」などの新しいサブタイプがありますが、診断は専門医療機関に限られます。現時点では表１の四つのサブタイプを診断してもらうと良いでしょう。

起立性調節障害にはこころの問題が関係するのですか？

ＯＤの子どもは、起立でも座位でも脳血流が低下し、そのため脳機能が低下します。脳血流を維持するためにごろごろと横になりたがります。脳血流低下は午前中に強いので、遅刻や欠席の原因になります。その一方、夜には元気になるので保護者や教師からは怠け者のように見えてしまいます。さらに医師から「身体疾患ではなく気持ちのもちようだ」などと言われると、「少しぐらいしんどくても頑張りなさい。だれでも朝はしんどいのよ」と叱咤激励されるので、子どもは「自分は身体がつらいだけなのに、なぜ叱られるのか？　きっと自分を嫌っているのだ」と思い、親や学校への拒否感情が強くなり、孤立感を深め、ますます引きこもるようになります。運動不足、睡眠リズムの乱れはさらに加速しＯＤの病態が悪化し、悪循環を起こします。このようにＯＤが発症することで、孤立、ひきこもりという二次的な心理社会的問題が新たに生じてきます。

一方、ＯＤの子どもにみられやすい生来の性格的特性をも理解しておく必要があります。ＯＤの子どもは、自己を過剰に抑制し、周囲の期待に合致した行動をとりやすい「過剰適応」の傾向があると指摘されています。このような行動特性の子どもでは、幼児期から保護者への依存欲求を十分に満たしておらず心理的葛藤をためやすいとされています。そのため思春期になると精神的混乱を引き起こすこともあります。周囲の大人はこのようなＯＤの子どものこころにも配慮した対応をすることが望まれます。

起立性調節障害の治療について簡単に教えてください

まず身体面での治療を進めます。すぐには改善しませんので、焦らず取り組むように、子どもにも説明します（図２）。

治療には、非薬物療法と薬物療法があります。まず非薬物療法から開始します。規則正しい生活リズムの回復、水分は一日一・五～二リットル摂取することが大切です。一般的にＯＤの子どもは水分摂取が少なく、軽度の脱水状態にあります。そこで学校生活においても水分補給を欠かさないようにします。

体育の授業では積極的に水分補給を励行します。食塩は少し多め（一日一〇～一二グラム）にします。また暑気を避け、血管拡張による血圧低下を防止しましょう。体育の見学などは涼し

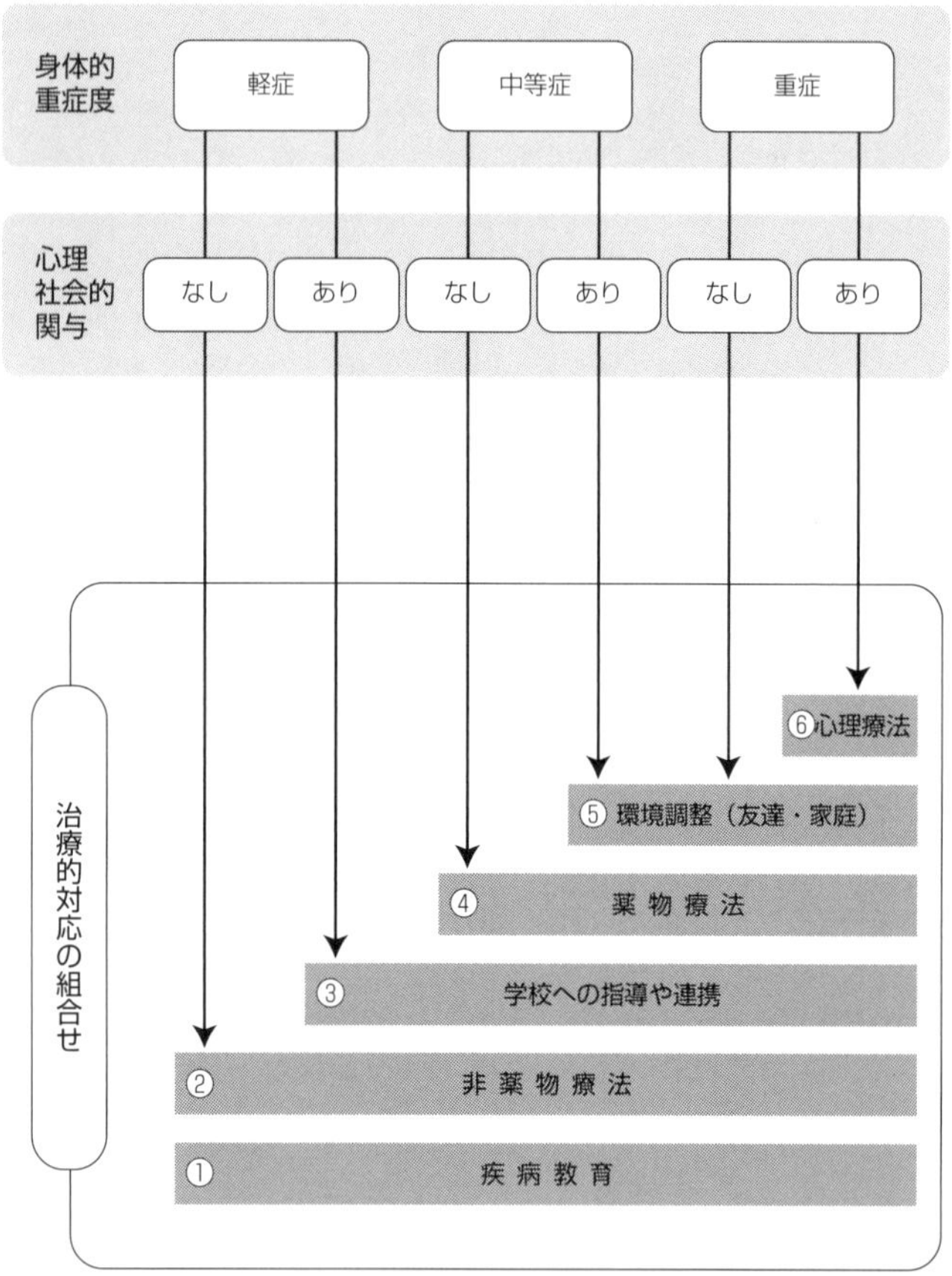

すべての症例で①②を実施し、重症度と心理社会的関与に合わせて③④⑤⑥を加えてください。
症状が改善しない場合には、治療中に重症度や心理社会的関与を見直すようにします。

図２●日本小児心身医学会「起立性調節障害ガイドライン」による治療的対応の組合せ

い室内で行うようにしましょう。薬物療法では、昇圧剤のミドドリンなどを用います。

また圧迫ソックスなどの下半身圧迫装具は、無駄な血液貯留を防ぎ症状軽減に役立つことがあります。ただし、圧迫ソックスは睡眠中や臥床では使用してはいけません。治療は子どもの病態によって異なりますので、医療機関に任せることが大切です。

担任教師・養護教諭の対応のポイント

ＯＤの子どもは重症度に応じて対応を変える必要があります。軽症では、症状が軽いので、たまに遅刻や欠席する程度で日常生活に大きな支障はありません。中等症では、日常生活に明らかな支障が現れ、週に半分ぐらい欠席したり、午後からしか登校できないケースもあります。校外学習などストレスのかからないイベントであれば出席できる場合もあります。重症では、週に一～二日も出席できず長期の不登校状態が続くことが多いようです。

中等症や重症の子どもが欠席や遅刻をする状況をどのように理解し、そしてどのように適切に対応したらよいのか、とても判断に苦慮する、というのが教員の先生方のお気持ちでしょう。そこでＯＤの特徴的な症状や病態生理を踏まえつつ対応する方法を以下に述べます。

●保護者と担任教師が正しい認識を共有する

ＯＤ症状が悪くなるのは、一日の中では午前中ですが、重症例では夕方まで体調不良が続きます。ＯＤの子どもは午前中に症状が悪く学校を遅刻・欠席しますが、午後～夜には体調が回復してテレビやゲームで楽しそうに遊びます。そのような姿を見ると、「どこから見ても病気とは思えない」というのが、保護者、担任教師の本音でしょう。

しかし、ＯＤは仮病や怠けではありません。「ＯＤは身体の病気であり、起立や座位で脳血流が下がり、思考力・判断力が低下する」と理解することが大切です。保護者と教師が共通理解をもつと子どもに一貫した対応ができるため、子どもは周囲の大人を信頼するようになり、心理的ストレスが軽減されて症状軽減につながります。

●登校刺激

「この病気はこころの持ち方次第でよくなる」「だれでも朝はつらいけど、みんな頑張っているのだ」と考えて、朝に家まで迎えに行く先生がおられます。しかし脳血流が低下している状況では脳機能が悪く、身体がとてもつらいため動くこともままならず、かえって拒否的な気持ちになってしまいます。むしろ、ＯＤの体調が回復する時間帯（夕方など）に家庭訪問するなどの配慮が必要です。

●フレックスタイム登校などの工夫を

学校側からＯＤの子どもに登校を促す場合には、ＯＤの体調が回復する午後からの登校（フレックスタイム登校）がよいでしょう。さらには「一分間登校」などの短時間の出席から開始するのが望ましいです。なぜなら、ＯＤの子どもは椅子に座っていても五〜一〇分間で脳血流が低下するため、一時間近くも授業を受けるのはかなり身体的負担になります。また、別室などで楽な体勢で学習できるような配慮が必要です。

●クラスメートの理解を得る

子ども本人と保護者の了解があれば、クラスメートにもＯＤの疾患特性について理解させてください。クラスの全員に説明するかは十分に話し合ったうえで臨機応変に対応しましょう。ポイントは、遅刻・早退・欠席の理由として「ＯＤが日によって体調の変化しやすい病気」であると理解してもらうことです。特に本人がクラスメートにわかってほしい事項（遅刻しても軽い運動ならできるなど）について、保護者や本人と事前に話を詰めておくとうまくいきます。

●担当医の診断書を

担当医に診断書を提出してもらいましょう。診断書の詳細内容は子どもによって異なりますが、「学校生活すべてにおいて静止状態での起立を三～四分以上続けないこと」「暑気を避ける。夏に体育の授業を見学させるときには、重症度が中等症以上（後述）では、涼しい室内に座って待機させる」「水分補給を常時行うこと」などの記載をしてもらいましょう。教師全員に理解をしてもらう必要があり、診断書の記載が有効になります。

ここで、「起立を三～四分以上続けない」と書きましたが、これは静止状態の起立では下半身への血液貯留が著しく、有効血流量が低下するからです。むしろ、散歩程度の歩行であれば、筋肉のポンプ作用で下半身への血液貯留は抑制されますので、制限の必要はありません。歩いても良いが、じっと立つのはダメ、ということです。

●体育の授業について

ＯＤの程度は、日によって変化があります。そこで、本人のその日の体調に合わせた運動が望まれます。

日常生活にほとんど影響が出ていない「軽症ＯＤ」では、運動制限の必要はありません。症状のために学校を時々欠席してしまうような「中等症ＯＤ」では、一見元気そうに見えても、競争を要する運動は避けてください。また、起立失調症状などの体調不良が現れたら、すみやかに臥位にして脳血流を回復させるようにしてください。「重症ＯＤ」は、学校を長期欠席し不登校状態になることが多いですが、登校しても体育は禁止します。

●ストレスに対する配慮

思春期の子どもは、たびたび心理社会的ストレス（学校ストレス、家庭ストレス）をもっています。これはＯＤでも例外ではありません。心理社会的ストレスはＯＤの病態を悪化させるため、その解消が望まれます。

ストレスが具体的に明らかな場合には、教師、スクールカウンセラー、保護者と対応策を協議します。明らかになっていない場合には、本人の希望があればスクールカウンセラーとの面談を勧めます。もしすぐに了解しない場合には、ゆっくり待つ、という方法をとります。

友達関係のこじれであれば、こころの引っかかりもすぐには解決し難いので、本人のこころが回復するまで、保護者も教師もゆっくり見守る姿勢が大切です。ただし、本人がこころを打ち明ければ正面から取り組んでいただきたいと思います。

ＯＤの診断治療ガイドラインとはどのようなものですか？

ここで述べた内容は、日本小児心身医学会の「小児起立性調節障害診断・治療ガイドライン」（『小児心身医学会ガイドライン集』に収録[1]）に沿っています。日本小児心身医学会では、二〇〇三年にワーキンググループ（ＷＧ）を組織し、二〇〇五年九月、ＷＧによる原案が提示され、その後、評議員による修正作業が行われ、二〇〇六年九月、第一版が発行されました。

本ガイドラインのコンセプトは、全国どこでもプライマリケア医（かかりつけ医）が科学的根拠に基づいた診断基準に従って標準的な起立性調節障害の診断ができること、心理社会的ストレスの関与と重症度に応じた治療方針、および専門医へ紹介すべき基準が明確化していること、必要とされる学校との連携や保護者への疾病教育を平易な記載にすることであったのですが、これらの目的はほぼ達成されました。本ガイドラインは、現在、一般書店やウェブサイトから購入でき、また一般向けの平易な解説書も市販されています。[2)〜4)]なお、本ガイドラインは二〇一五年に改訂第二版が出版されました。

さらに難治性ＯＤを診療するための専門医向けガイドラインも二〇一二年に発行されました。

通常の治療では治りにくいODでは長期欠席を伴い不登校状態になっているケースも少なくありません。外出の機会が減り運動量が減少するとさらにODが悪化するという悪循環が生じます。学校生活から遠ざかると学業の遅れや孤立感が強まります。保護者の心配や不安もさらに増して悪循環に拍車をかけてしまいます。このような状態を避けるために子ども本人と保護者の両方へのより専門的な対応が記載されています。なお、専門医向けガイドラインは一般には市販されていません。

［文献］

1）日本小児心身医学会（編）『小児心身医学会ガイドライン集 改訂第二版』南江堂、二〇一五年
2）田中英高『起立性調節障害の子どもの正しい理解と対応』中央法規出版、二〇〇九年
3）田中英高『起立性調節障害の子どもの日常生活サポートブック』中央法規出版、二〇一〇年
4）田中英高（監修）『起立性調節障害がよくわかる本』講談社、二〇一三年

（田中英高）

Chapter Three　不登校について医学的知見と対応

3 発達障害と不登校・ひきこもり

子どもにとっての学校生活

学校では、集団で行動することや協調性が重視されます。同世代との交流ではある程度共通の感覚や趣味・嗜好を持つ必要がありますし、教師や上級生のような立場の異なる人たちがいるときには、状況に沿った態度の使い分けや場に応じた発言が求められます。興味や好み、得意・不得意にかかわらず、一定程度の意欲と動機付けを維持しながら授業や行事に取り組むこと、ときには集団の前でそれらの成果を発表することも必要になります。

また、小学校高学年から中学生の時期は、多くの子どもたちがそれぞれに情緒的な不安定さを抱えながら何とか学校生活や友だち関係を乗り切り、他者との関係を通して自分のあり方に気づき、自分に必要なものと不必要なもの、合うものと合わないもの、大事なものとそれほどでもないものを峻別しながらアイデンティティを形成してゆく複雑な心理的作業に取り組むことになります。

そのように考えると、学校生活においてすべてに満足している子どもは全体の一部にすぎないのかもしれません。むしろ、学校生活を維持するうえで大切なことは、「あまりうまくいっていない」という状況に耐え、劣等感、無力感、怒り、妬ましさなどの複雑な感情と折り合いをつけながら、ある程度の希望（「卒業やクラス替えまでの辛抱」といった消極的な動機付けの場合もあるでしょう）を見出せることかもしれません。

自閉スペクトラム症と不登校のメカニズム

このような学校生活を、自閉スペクトラム症（Autistic Spectrum Disorders　以下、ＡＳＤ）をもつ子どもたちはどのように体験するのでしょうか。ＡＳＤを背景とした仲間集団との交流の困難は、常識の獲得が難しいこと、状況判断が苦手であること、共感性の低さ、趣味や嗜好の偏り、独特なコミュニケーション様式などによって生じます。また、ＡＳＤをもつ子どもたちは、不完全・不安定な状況を未解決なまま抱えてゆくことが難しく、「あまりうまくいっていないこと」が前提となるような学校生活の維持に困難を伴うことが多いようにも思われます[1)]。

学業においても、興味・関心の狭さ、抽象的な概念を理解しにくいこと、同級生から情報を集められないこと、合併するＡＤＨＤ症状のために注意・集中が難しいことなどから思うような成果が上がらず、意欲やモチベーションを失うこともありますし、現在の学校生活や学習、知識の習得が将来や未来につながることがとらえ難く、「勉強する目的や意味がわからない」と特定の教科を拒否することもあります。さらには学業全般に対する動機付けや関心をもつことができず、登校すること自体にも意味がないと訴えることもあります。

小学校低学年の時期には、思い通りにならないことへの耐性に乏しく激しいかんしゃくを起こす、勝ち負けに対するこだわりからゲームや競技に負けそうになると勝手にルールを変えてしまうなどのために周囲から疎んじられ、排除されてしまうこともあります。こうした場合でも自分の問題としてとらえることはできず、「みんなが意地悪をする」と訴え、指導に耳を貸そうとしないことも少なくありません。

前思春期（小学生の高学年）になると、子ども同士の関係が複雑になり、立ち居振る舞いが難しくなることから、この時期に不登校を呈することがあります。ＡＳＤの子どもたちが素直に表現する損得勘定、知識の披露、自説の主張などは、日頃から集団に適応的であることに腐心し、自らの欲求や言動を強く抑制している他児にとっては、自分の意識下にある触れたくない部分を刺激される体験になり得ますし、極端に目障りな存在として映り、周囲から攻撃・排斥されてしまうこともあるでしょう。

また、高学年や中学生になっても感覚過敏のために騒がしい場所や人数の多い場所に入ることが難しい子どももいます。彼らにとっては、思春期集団のエネルギーは圧倒的なものであるものと想像されます。このほか、授業中の私語や持ち物違反など、他児のルール違反が我慢できず、このことが登校渋りや不登校の一因になっていることもあります。多くの場合は、これらのいくつかが複合的に関連していますので、登校渋りや不登校の要因を探るためには、様々な可能性を考えながら子どもの話をよく聴くこと、あるいは慎重な行動観察が必要でしょう。

自閉症特性が強い場合でも、受容的な環境で発達特性を踏まえた支援が提供されていれば、多くの場合は不登校に至らないでしょうし、自閉症特性がそれほど顕著でない場合でも、環境が受容性を欠き、必要な支援が提供されていなければ不登校が生じることがあり得ます。したがって、不登校は本人の自閉症的な特性と環境側との相互関係によって生じ、相補性（互いに補い合う）によって防ぎ得るという視点が重要であると思います。言葉で意思や気持ちを伝えることや説明が苦手なこと、愛着の問題（助けを求めることができると思っていないこと）を想定し、周囲の大人や支援者が本人の体験を理解し、手を差し伸べようと努めることが必要でしょう。

物理的刺激の回避から生じるひきこもり

上記のような背景で登校渋りや不登校が生じたとしても、他者との交流のすべてを回避し、長期にわたって自宅に閉じこもり続ける人たちばかりではありません。登校渋りや不登校だけでなく、外出や社会参加を頑なに回避するケースでは、感覚過敏が大きな問題になっていることが少なくないようです。例えば、虫が顔や身体に接触することを極端に嫌う、他者の体臭やたばこ臭、咳などがひどく気になる、人混みを嫌う、などです。

感覚過敏と近接する問題としては、不潔恐怖や乗り物酔い、エレベーターのような閉所や高所が怖いといった恐怖症状のほか、紫外線が皮膚によくないという話を聞いてから日光に当たることを避けているなど、物理的な刺激の回避がひきこもりにつながっていることがあります。また、予想外の出来事に直面することが極端に苦手なために外出したがらない人もいます。

「通行人が急に振り向くだけでも怖い」と教えてくれた人もいました。こういったタイプの人たちにとっては、外出は波乱万丈な出来事の連続なのであろうと推測されます。できるだけ不確定要素の少ない場所にいたいと思えば、自宅で過ごすのが最も快適で安心できるということのようです。

特別支援教育の地域格差と不登校

小・中学校の不登校とその防止、あるいは、その子なりの社会参加と成長を支えようとする際に、特別支援教育のあり方が極めて重要であることは言うまでもありませんが、筆者の知る限りでは、特別支援教育の体制は地方自治体によってかなり格差があるようです。

例えば、知的障害を伴わない子どもは基本的に普通学級に入ることが前提となっており、オプションとして通級指導学級を利用するかどうかという選択肢しかない地域があります。こうした地域で、刺激の少ない環境を優先し、やむなく知的障害学級の利用を選択すると、今度は知的能力に応じた課題を与えてもらえないこともあります。こうした場合、能力に応じた学習を受ける機会を提供されず、療育手帳を取得することもできない、といった事態が懸念されます。その一方で、少人数の環境や個別的支援を必要としている子どもがいれば、養育者の申請に応じて情緒障害児学級を新設している自治体がありますし、状況によっては、年度の途中でも情緒障害児学級を新設する自治体もあるようです。

東京都立小児総合医療センター児童・思春期精神科の入院ケースについて検討したところ、知的障害をもつ群は思春期において入院治療の対象となることが多いのに対して、高機能群（知的障害がない）では、不登校、ゲーム依存、イライラ感や攻撃性の亢進、家族への粗暴行為といった悪循環のために小学校低学年から入院治療の対象となるケースが少なくありませんでした。[2)] このことから、教育現場に高機能群の子どもたちの受け皿が整えられているかどうかが大きな分かれ目になっていることがわかります。

ひきこもりリスクの高いケースとは

ギルバーグ（Gillberg, C.）は、「アスペルガー症候群の人の五人に二人は大人になってもひきこもりがちで孤立している」[3)]と述べ、自分が周囲と違っているという気づきによって社交恐怖や無力感が高まりやすいこと、特に積極奇異なタイプにおいてひきこもりが生じやすいことを指摘しています。筆者らの経験でも確かにこうしたケースは少なくありませんが、ひきこもりによって初めて事例化し、支援経過のどこかで発達障害に気づかれるようなケースの場合、受身的・内向的なタイプのほうが多いようです。

山梨県立発達障害者支援センター（現、山梨県立こころの発達総合支援センター）で相談を受け付けた十五歳以上の高機能広汎性発達障害ケースの検討結果[4]から、青年期・成人期でひきこもり状態を来たしているケースの

表1●ひきこもりを伴う青年期PDDケースの特徴

1	PARS（広汎性発達障害日本自閉症協会尺度）の得点が有意に低い。
2	幼児期ピーク評定では、「何でもないものをひどく怖がる」「普段通りの状況や手順が変わると混乱する」の項目に該当するケースが多い。
3	不安障害（社交恐怖、強迫性障害）と気分障害の併存が多く、心理的には被害感が強い。
4	知能検査所見はPDDに典型的なプロフィールを示している。
5	性格は内向的・受身的（主要5因子性格検査）
6	いじめなどの明らかなライフイベントはそれほど多くはない。
7	DSM-Ⅳ-TRの診断項目のうち、【A⑶⒜】興味の限局、【A⑵⒞】常同的反復的言語の使用または独特な言語、を満たすケースが少ない。
8	周囲への迷惑行為のエピソードが少ない。
9	医療・相談機関の利用は家族の勧めによることが多く、教師などの勧めによるものが少ない。

特徴についてまとめました（表1）。

要約すれば、「発達・行動症状が乏しいために、発達上の問題に気づかれにくく支援対象にもなりにくいものの、日常生活において多くの困難（わからなさ）を抱えている子どもたち」です。また、「何でもないものをひどく怖がる」という項目は、幼児期ピーク評定においてひきこもり群のほうに多い唯一の項目であったことから、将来的なひきこもりを予測させる重要な所見であることが示唆されました。

また、養育者がこの項目に対して「多少（時々）そのようなことがあった」「そのようなことがあった」と回答したケースで、本人に「子どもの頃、怖かったこと」を尋ねた結

表2●子どもの頃、怖かったこと

「新しい場面になかなか馴染めない」
「引っ越し」「小学校への就学」「新しく出会う人」

「予想外の対人場面が苦手」
「思わぬところに、思わぬ人がいると怖かった」
「通行人が急に振り向くだけで怖かった」

「人前で話すことが苦手」「話題が切れると困ってしまう」
「自分の思っていることを正確に伝えられない」

「叱責や批判を受けたのが怖かった」
「自分以外の人が叱られるのも怖かった」

「暗いところが怖かった」「トウモロコシの毛が怖かった」

果、彼らが恐れを感じていたのは、新規場面、予想外の出来事、言語表出やコミュニケーションを求められるような状況、叱責などの強い刺激という四点に集約されました（表2）。

当初の仮説としては、いじめやからかいなどの明確なライフイベントとひきこもりとの強い関連性も予測されましたが、この調査においては、これらの関連は必ずしも明らかではありませんでした。このことから、もっと日常的な学校生活や対人関係場面でわからないこと、上記のような怖い体験、伝えたくても伝えられずに追い詰められてしまう状況などに注目する必要があるものと考えられます。

ひきこもりリスクの高いケースへの支援について

以上を踏まえ、内向的・受身的で自閉症特性の目立たないタイプのケースに対する支援について考えてみたいと思います。

●幼児期からの怖がりの問題

まず、入園・入学や行事などの新しい体験や非日常的な活動の際には、事前の見学や体験入学・入園の利用、具体的で詳細な情報提供など、見通しを持ちやすくするような配慮が求められます。また、刺激の少ない居場所の確保など、苦手な外界への恐れが緩和されるような配慮により、安心して過ごせる時間と環境を保証すること、あくまでも無理のない範囲で徐々に経験の幅を広げていけるようにはたらきかけ、社会的な場面での成功体験を通して、自己効力感や社会的アプローチの動機付けが高まるように助けることができるかもしれません。ただし、苦手な活動を無理強いすることは避けるべきです。

感覚過敏のために教室にいられない子どもや行事に参加できない子ども、周囲の状況や人・物の動きや流れを把握することが困難な子ども、同級生とはどうしても共通の話題がもてない子どもなどにとっては、通常学級への適応や行事への参加は予想以上にハードルが高いことがあります。その子どもなりの社会参加を助けることが大切であると思います。

●義務教育年齢以降の自立に向けた支援について

高機能（知的には問題のない）ケースの場合、特別支援学校高等部や高等特別支援学校を利用できないケースも多く、普通高等学校や実業系、通信制など、さまざまな高等学校に進学することになります。

こうした場合、高等学校に入学した時点で発達障害者支援センターにつなぎ、高校への適応を助けながら、職業体験や障害者職業センターにおける職業適性検査などを通して本人が自らの発達特性について理解すること、実現可能な進路について現実検討を進め、ケースによっては卒業までに精神障害者保健福祉手帳を取得し、障害者雇用枠を活用した就労につなげるなどの支援も考えられます。こうしたネットワーク支援の方法論は、厚生労働省「青年期・成人期の発達障害者へのネットワーク支援に関するガイドライン[5]」で取り上げられていますので、ご参照ください。

また、不登校のまま中学を卒業するケースや進路の決まらないまま高等学校を中退する生徒の一部がそのままひきこもり状態に移行する場合があり、教育機関を離れた後、地域の福祉保健システムに速やかにつながるようなネットワークづくりが必要でしょう。

〔文献〕

1)近藤直司・遠藤季哉「不登校・ひきこもりと発達障害」、『最新医学』68巻・9月増刊号、二〇一三年、一七六―一八四頁
2)宮崎健祐・近藤直司・森野百合子ほか「児童思春期精神科に緊急入院した広汎性発達障

害患者に関する臨床的検討」、『精神医学』55(2)、二〇一三年、一五七―一六五頁

3) Gillberg C.: A Guide to Asperger Syndrome. Cambridge University Press, 2002.
田中康雄（監修）『アスペルガー症候群がわかる本』明石書店、二〇〇三年

4) 近藤直司・小林真理子・宇留賀正二ほか「在宅青年・成人の支援に関する研究――ライフステージからみた青年・成人期ＰＤＤケースの効果的支援に関する研究」、平成20年度厚生労働科学研究（障害保健福祉総合研究事業）「ライフステージに応じた広汎性発達障害者に対する支援のあり方に関する研究」（主任研究者：神尾陽子）、二〇〇八年

5) 厚生労働省「青年期・成人期の発達障害者へのネットワーク支援に関するガイドライン」二〇一一年五月（研究代表者：近藤直司）。
発達障害情報・支援センターのホームページを参照。
http://www.rehab.go.jp/ddis/

（近藤直司・遠藤季哉）

Chapter Three　不登校について医学的知見と対応

4 不登校・発達障害のための薬の基礎知識

近年、子どもの情緒面や行動面の問題に対して薬物治療が行われることが増えています。我が国で行われた最近の調査によれば、二〇〇二～〇四年と二〇〇八～一〇年を比較すると、六～十二歳における処方数は、注意欠如・多動症（ＡＤＨＤ）治療薬が八四％増、抗精神病薬（幻覚や妄想などの精神症状に対する薬）が五八％増であり、十三～十八歳ではＡＤＨＤ治療薬は二・五倍も増えています[1]。また、小児神経科医と児童精神科医を対象としたアンケート調査によれば、子どもに対して七三％の医師が薬物療法を実施し、うち、三九％は就学前から開始していると回答しています。このように、今日、小児科や精神科の専門医療機関に定期的に通院する子どもの多くが服薬している可能性があります。

スクールカウンセラーにとって、彼らの処方内容を知っておくことは、保護者や医療機関との連携を図るうえで役に立ち、また、クライエント（来談者）である子どもとの対話の話題に取り上げることも有意義であると思われます。一方、子どもの情緒・行動面の障害、とくに発達障害に対する薬物療法のなかには、十分な科学的根拠が証明されていないものもあり、専門家の間でも意見が異なることがあります。したがって、薬物療法の限界も知っておくべきです。

ここでは、児童青年期の発達障害や精神疾患に対する薬物療法の効用とその問題点について説明したいと思います。

なお、児童青年期の症例に用いられる主な向精神薬《こうせいしんやく》（精神疾患の治療薬の総称）の種類と効能、および副作用などについては、稿末の参考資料をお読みください。

なぜ薬物療法を行うのか

まず、最初に断っておきたい点は、向精神薬は対症療法であるということです。対症療法とは、その病気の原因を治すということではなく、症状を抑えるということです。例えば、風邪薬は風邪のウイルスを退治するわけではありません。風邪の症状、つまり発熱や咳、鼻水などを軽くするだけです。症状を軽くするだけですが、体を楽にして休めることができます。そして、風邪が自然に治るのを待つのです。これが対症療法です。

では、子どもに対する向精神薬はどのような症状を抑えるのでしょうか。それは、激しい興奮や苛立ち、多動や衝動性、そして不眠などの症状に対して用いられることが多いです。しかし風邪と違って、向精神薬を飲むだけでは、情緒や行動上の問題は自然に治ることはあまりありません。たいていの場合、環境調整によって問題を引き起こしている刺激や障壁を取り除く必要があります。ですから、症状を抑えることによって、環境調整をやりやすくするために、向精神薬を用いるのです。

ケースによっては、症状が激しいために環境調整がうまくいかない、あるいは、家族の負担が大きく、環境調整する余裕がないという場合もあります。その場合も向精神薬の適応になるでしょう。精神的な余裕をなくした親による虐待を防ぐ、というメリットもあるかもしれません。

残念ながら、自閉症の子どものコミュニケーションの障害の症状を改善する薬はまだありません。彼らが不適切な環境に置かれて二次的な障害を起こしてきた場合、その二次障害の症状を抑えることは可能です。その結果、環境調整がうまくいけば、彼らが失敗したり、叱られたり、仲間はずれにされることを防ぐことができるでしょう。これが、子どもにとって向精神薬を服用するメリットです。常に子どもの視点で服薬のメリットを考える必要があります。

いずれにせよ、子どもに対する薬物療法は、支援の第一選択肢ではありません。あくまで、環境調整という第一選択肢を補助するものです。ある児童精神科医は、「薬によく反応するということは、治療の終わりではなく、始まりである」と言っています。

薬物療法には限界がある

今日、ＡＤＨＤ児には、昔よりもメチルフェニデートやアトモキセチンなどの薬がしばしば処方されるようになりました。メチルフェニデートは、典型的なケースでは多動や衝動性に非常によく効きます。しかも即効性があって、数十分のうちに薬の効果を感じることもあります。しかし、三〜四人に一人くらいは効果の乏しい子どももいます。薬の効き目のある時間は十時間程度ですから、朝、服薬して学校で過ごす時間に合わせるようにします。しかし、副作用として食欲低下が生じますので、学校給食をあまり食べたがらなくなります。その点をよく理解してあげる必要があります。副作用が強い場合は、アトモキセチンに変更しますが、こちらは効果の発現が遅く、また、メチルフェニデートほど有効性は高くありません。

メチルフェニデートは、ＡＤＨＤの症状には確かに有効ですが、しかし、対症療法ですから、完全に症状がなくなるわけではありません。薬を中止すると、再び症状が目立つようになります。

とはいえ、子どもに対する向精神薬の漫然とした投与は避けるべきです。では、いつまで服薬すれば良いのでしょうか。同薬の長期服薬は、子どもの心身に大きな影響を与えないと報告されていますが、身長の伸びが少し低下するとか、成人になったときにアルコールや薬物に対する依存症を生じるリスクがあるとか、警戒する意見も少なくありません。また、多動や不注意が少なくなったからといって、学業成績が上がるわけではありませんし、家族内の深刻な問題が解決できるわけでもありません。過剰な期待は禁物です。合併する知的障害や他の発達障害（自閉スペクトラム症など）が予後を左右するようです。

学校や家庭で子どもがうまく適応するようになり、子どもの自己評価が改善されることが目標ですから、同時に環境調整が進むように、子どもと保護者、医療機関、そして学校との連携がとても大切です。逆に言うと、そのような連携体制がとれないケースに薬物療法を行うことは適切でない、と言うことです。なお、薬を止めるときも主治医とよく相談しながら、時間をかけて徐々に量を減らすのがよいと思います。

薬物療法のメリットとデメリットをよく知る

子どもに対する向精神薬のなかで、ＡＤＨＤの治療薬は、その効果がよく判明していますが、それ以外の薬物は有効性が必ずしも確立しているわけではありません。しかも、子どもの場合、プラセボ効果（後出の「参考資料」を参照）が大きく、また、子どもの成長に伴い、自然に改善する症状も少なくありません。さらに、児童青年期に対する抗うつ薬の使用は、効果が乏しいだけでなく、自殺や自傷に関連した問題行動を引き起こすリスクがあると指摘されています（「参考資料」を参照）。それ以外の副作用も色々とあります。それゆえ、薬物療法の適応の是非について、専門家の間でも意見の違いがみられるのです。その証拠に、ＡＤＨＤの診断を受ける子どもの数や治療に用いられる薬物の種類は、国によってもかなり違いがあります。

ＡＤＨＤの治療薬により、たとえ多動や不注意などの症状が改善しても、それだけでは手放しで喜べないこともあります。確かに客観的には、服薬する前と比べて、おとなしくなり、行儀が良くなるかもしれません。しかし反面、明るさが消え、元気がない、その子らしく見えないという戸惑いが保護者に生じてくることもあります。服薬する子どもの側にすれば、以前よりも慎重になる、周囲が見えてくる、深刻に考える、楽しくない、楽観的ではなくなる、といった気分や思考の変化があるかもしれません。こうした主観的な変化に動揺する子どももいるのです。外から見える症状だけでなく、子どもや保護者の内面の変化にも気づいて、彼らを支えてあげる必要があると思います。

繰り返しになりますが、向精神薬は、あくまで子どもの生活の困難さを軽減する支援の選択肢のひとつに過ぎません。向精神薬には、メリットもありますが、限界もあり、デメリットも少なくはなく、その判断は必ずしも容易ではありません。そのことを知った上で、向精神薬を服用している子どもを支援することが望ましいと思います。

また、薬のデメリットを怖れるあまり、向精神薬の使用をむやみに嫌忌するのは賢いことではありません。なにより、現在、服薬している子どもの保護者に罪悪感を抱かせるようなことがあってはならないと思います。

〈参考資料〉

本文中に登場する個々の薬物の名称は、国際的に定められた「一般名」にて記す。病院や薬局では、販売する会社が名付けた「商品名」が使用される。例えば、抗てんかん薬（気分安定薬）であるバルプロ酸（一般名）には、「デパケン」「バレリン」「セレニカ」など、複数の商品名がある。

●基本的な用語

◎用法・用量・剤形

向精神薬の標的症状と種類によって、服用の時間や回数は違ってくる。子どもの正常な生活リズムに合った用法が工夫されるべきである。子どもに使用しやすいように、ドライシロップや坐剤などの剤形の向精神薬もある。また、最近は一日一回の服用でも持続的な効果が期待できる「徐放性」と呼ばれる製剤も使用されている。

用量（投与量）は、思春期以前の子どもは体重に応じた設定が必要になることがあるが、一般に向精神薬の最適な用量には個人差が大きい。治療開始時には必要最小限の用量から開始され、症状と副作用に応じて徐々に増量されるのが通例である。薬物の有効な用量は、薬の種類によって異なっており、各剤形の含有量も違う。例えば、子どもに対する抗てんかん薬バルプロ酸の通常の一日用量は４００～１２００mgであるが、同じく抗てんかん薬クロナゼパムの一日用量は２～６mgである。仮に前者から後者へ処方が変更になったとしても、単純に効果の弱い薬に変わった（あるいは、薬の量が減った）ことを意味しない。

◎単剤処方・多剤併用処方

薬物は単剤処方が原則である。ただ、難治症例に対しては、増強療法として二種類以上の薬物が併用されることがある。多剤併用処方は、後述する薬物相互作用によって中毒のリスクを生じやすい。

◎効果発現時期

向精神薬のなかには、ベンゾジアゼピン系抗不安薬・睡眠薬のように服薬後一〇～二〇分で早く効果が現れるものと、抗精神病薬や抗うつ薬のように一〇～一四日間投与しないと効果の発現が明らかにならないものとがある。ＡＤＨＤ治療薬も種類によって効果の発現時期が大きく異なる。

◎プラセボ効果

プラセボとは、外形だけそっくりで実薬の成分を持たない「偽薬」を言うが、暗示や期待の効果で、有効なことがある。薬物の臨床開発ではプラセボと対照比較して効果の判定が行われる。一般に抗うつ薬や抗不安薬はプラセボ効果が大きく、とくに子どもではその影響が大きい。良いプラセボ効果には、子どもや家族と治療者との信頼関係が反映されるといわれる。

◎薬物相互作用

薬物相互作用とは、薬と薬の飲み合わせのことで、薬が効きすぎて副作用が出やすくなったり、逆に効果がなくなったりすることを指す。薬物と薬物だけでなく、食物との間にも相互作用を生じることがある。薬物相互作用は、吸収、分布、代謝、排泄という薬物の体内動態の過程で起こる。

なかでも危険なのは、肝臓における薬物代謝酵素「チトクロームＰ－４５０」が一方の薬物によって阻害されるために、他方の薬物の血中濃度が上昇して中毒を発現する場合である。逆に、一方の薬物による酵素の誘導が起こると、他方の薬物の血中濃度が低下し、薬効が減弱する。薬物相互作用を予防するために、異なる医療機関を受診する時は、現在、他の医療機関より処方されている処方内容を医師に教えたほうがよい。

◎処方箋医薬品

現在我が国では、医師の処方箋がなければ向精神薬を手に入れることはできない。一般の薬局で市販されている睡眠薬は、実は抗ヒスタミン剤という風邪薬にも含まれる成分と同じであり、向精神薬ではない（したがって、「睡眠改善薬」などと呼ばれている）。さらに、ＡＤＨＤの治療薬であるメチルフェニデートは、登録された専門医でなければ、処方することができない。

●向精神薬の種類と効能

子どもに処方される機会の多い向精神薬を、その適応症（治療の対象となる疾患や症状）に基づいて分類してみると、次のような種類がある。ある疾患に適応のある薬が他の疾患にも適応があることも多い（例えば、一部の抗てんかん薬は双極性障害［躁うつ病］にも有効である）。

◎抗精神病薬（表１）

「神経遮断薬」あるいは「メジャートランキライザー（強力精神安定剤）」とも呼ばれる。幻覚や妄想など精神病症状に対する薬であり、統合失調症に適応がある。興奮や易怒性、易刺激性を抑える鎮静効果も強く、双極性障害の躁状態のほか、自閉症の行動障害、頑固な睡眠障害、せん妄（幻覚や興奮を伴う軽度の意識障害）などにも使用される。

表１●抗精神病薬

一般名	商品名	用量／日	特徴	副作用
リスペリドン	リスパダール	0.5～４mg	内用液の剤形あり	過鎮静、眠気、錐体外路症状、抗コリン作用、立ちくらみ、無月経、乳汁分泌、体重増加、血糖値上昇など
アリピプラゾール	エビリファイ	３～12mg	内用液の剤形あり	
クエチアピン	セロクエル	25～750mg	糖尿病禁忌	
オランザピン	ジプレキサ	2.5～20mg	糖尿病禁忌	
ブロナンセリン	ロナセン	２～24mg		

注：我が国では、上記薬物の小児への投与は健康保険の適応外使用にあたる。ピモジド（商品名：オーラップ）のみが、小児の自閉症、知的障害に伴う諸症状に対して保険適応がある。

表２●抗うつ薬

グループ	一般名	商品名	用量／日	副作用
三環系抗うつ薬	イミプラミン	トフラニール、イミドール	10～100mg	眠気、抗コリン作用、立ちくらみ、不整脈など
	クロミプラミン	アナフラニール		
SSRI	フルボキサミン	ルボックス、デプロメール	12.5～150mg	悪心・嘔吐、下痢、頭痛、めまい、不眠、体重低下など
	セルトラリン	ジェイゾロフト	12.5～100mg	
	エスシタロプラム	レクサプロ	５～20mg	
SNRI	デュロキセチン	サインバルタ	20～60mg	SSRIと同様

注１：我が国では、小児のうつ病・抑うつ状態に対する上記薬物の投与は健康保険の適応外使用にあたる（三環系抗うつ薬は、小児の夜尿症に適応がある）。海外の小児うつ病治療のガイドラインは、第一選択薬にSSRIを推奨している。

注２：SSRIは不安障害にも有効である。また、強迫性障害に対してSSRIとアナフラニールが使用される。

後述するように抗精神病薬は、錐体外路系副作用を伴うことが多いが、近年は同副作用が比較的少ない「非定型抗精神病薬」と呼ばれる抗精神病薬の使用が主流になっている。

◎抗うつ薬（表２）

抑うつや意欲低下、不安などを改善する薬で、うつ病・抑うつ状態に適応がある。薬物の種類によっては、パニック症（強い不安発作を頻発する障害）や強迫症（ある特定の思考や行動の反復をやめることができない障害）、小児の夜尿症にもとくに有効な抗うつ薬の種類がある。抗うつ薬には、その作用機序や化学構造から、三環系抗うつ薬、選択的セロトニン再取込み阻害薬（ＳＳＲＩ：エスエスアールアイ）、およびノルアドレナリン・セロトニン再取込み阻害薬（ＳＮＲＩ：エスエヌアールアイ）などのグループに大別される。

◎気分安定薬（表３）

双極性障害の治療薬であるが、興奮や易怒性に対する鎮静効果も認められる。リチウムが代表的な薬物であるが、一部の抗てんかん薬も気分安定薬として認可されている。抗精神病薬との相違は、長期に投与することにより躁とうつの気分の波を小さくする予防効果に優れていると考えられる点である。

◎精神刺激薬・ADHD治療薬（表4）

中枢神経系に働いて覚醒度を上げる薬物で、我が国の医療で使用することが認められているのは、注意欠如・多動症（ADHD）の治療薬であるメチルフェニデートとナルコレプシー（過眠症の一種）の治療薬であるモダフィニルのみである。覚醒剤やコカインな

表３●気分安定薬

グループ	一般名	商品名	用量	副作用
金属元素	リチウム	リーマス、リチオマール	100〜600mg	嘔吐、下痢、食欲不振、震え、眠気、運動失調、発汗、不整脈、腎障害、甲状腺機能障害など
抗てんかん薬	バルプロ酸	デパケン、バレリン、セレニカ	10〜15mg/kgより開始し、維持量20〜50mg/kgまで増加	眠気、ふらつき、嘔吐、下痢、薬疹、造血器障害、肝機能障害など（バルプロ酸では高アンモニア血症）
	カルバマゼピン	テグレトール、レキシン	100〜600mg	
	ラモトリギン	ラミクタール	0.6mg/kgより開始し、維持量５〜15mg/kg（最大400mg）まで増加	

注１：我が国では、小児の双極性障害に対する上記薬物の投与は健康保険の適応外使用にあたる。抗てんかん薬の用量は、小児てんかんの治療に準じたものを示す。
注２：リチウム、バルプロ酸、およびカルバマゼピンは、中毒を予防するために、定期的に血中濃度を測定する。

どの違法薬物は精神刺激薬に該当する。もう一つのＡＤＨＤの治療薬であるアトモキセチンは、作用機序が抗うつ薬と共通するので、精神刺激薬には分類しないが、表４にメチルフェニデートとの相違点を示した。

◎抗不安薬

　不安や緊張を緩和する薬で、「マイナートランキライザー（緩和精神安定剤）」、あるいは単に「安定剤」と呼ばれることも多い。現在、使用されているる抗不安薬のほとんどは、

表４● ADHD 治療薬

一般名	メチルフェニデート	アトモキセチン
商品名	コンサータ	ストラテラ
作用時間／用法	約 12 時間／朝 1 回	約 24 時間／朝夕 2 分服
効果発現までの期間	迅速（30～60 分後）	遅延（2 週間後より徐々に発現し、6～8 週間かけて明らかになる）
用量	18mgを初期量として、1 週間以上の間隔をあけて 9～18mgごとに調整。維持量は 18～45mg	1 日 0.5mg/kgを初期量として、1 週間以上の間隔をあけて 1 日 0.8、1.2mg/kgと増量。1 日 1.2～1.8mg/kgが維持量
副作用	食欲低下、不眠、頭痛、腹痛、悪心、チック、発熱など	頭痛、眠気、めまい、消化器症状（嘔吐、腹痛、食欲低下）、口渇、動悸、体重減少など
作用機序	ドパミンやノルアドレナリンの再取込み阻害	ノルアドレナリンの再取込み阻害

注１：コンサータは、特殊な剤形なので、6歳未満の児童は服用が困難なため、我が国では抗精神病薬（リスペリドン）が用いられることが多い。

ベンゾジアゼピン系と呼ばれる化合物である（ジアゼパム、アルプラゾラム、エチゾラム、ロラゼパムなど）。ベンゾジアゼピン系化合物は、抗不安作用のほかにも、抗てんかん作用、催眠作用、筋弛緩作用などを有するために、薬物の種類によって、抗てんかん薬や睡眠薬、あるいは頭痛・肩こりの治療薬としても、用いられる。

抗不安薬は即効性に優れ、安全性も比較的高いために、成人では広く用いられており、子どもでも歯科治療の際に利用されることがある。しかし、長く連用していると、依存や離脱（急に中止すると反跳性に不安や不眠、自律神経症状が誘発される）を生じるために、使用はごく短期間に限るべきである。

非ベンゾジアゼピン系の抗不安薬には、ヒドロキシジンとタンドスピロンがあるが、抗不安作用はベンゾジアゼピン系化合物よりも弱い。

◎睡眠薬

以前は、バルビツール酸系化合物が睡眠薬として使用されていたが、毒性が強いため、現在は使用されなくなった（フェノバールという薬物は、今も小児のけいれん発作や嘔吐症に対して投与されることがある）。現在の睡眠薬は、ほとんどがベンゾジアゼピン系化合物（トリアゾラム、エチゾラム、ブロチゾラムなど）であるが、バルビツール酸系化合物と区別して「睡眠導入剤」と呼ぶこともある。最近は、非ベンゾジアゼピン系睡眠薬であるラメルテオンやスボレキサントも使用される。

◎抗てんかん薬

けいれん発作を抑える薬であり、「抗けいれん薬」とも呼ばれる。抗てんかん薬には、バルプロ酸、カルバマゼピン、フェニトイン、ゾニサミド、ラモトリギンなど多くの種類がある。ベンゾジアゼピン系化合物（クロナゼパム、クロバザム）やバルビツール酸系化合物（フェノバール）も抗てんかん薬として使用される。バルプロ酸、カルバマゼピン、ラモトリギンは双極性障害にも適応がある。

●向精神薬の副作用

向精神薬は様々な副作用を生じ、そのなかには、疾患自体の症状と区別が難しいものもある。副作用が生じた場合、一般に、より副作用が少なく、同様の効果の得られる他の種類の薬物に代えられるが、対症療法的に副作用に対する治療薬（例えば、錐体外路症状には抗パーキンソン薬、便秘には緩下剤）が追加されることも多い。

左記は、とくに注意すべき副作用である。

①錐体外路症状

筋肉の緊張とスムーズな動きに異常を生じる運動機能の副作用であり、抗精神病薬により誘発されやすい。異常な筋肉のこわばりや手の震え、アカシジア（下肢がむずむずする静座不能症）などと呼ばれる不随意運動を呈する。

②抗コリン作用

副交感神経系末端の神経伝達物質であるアセチルコリンの働きが低下して生じる自律神経系副作用の総称であり、喉の渇きや便秘、尿が出にくい、目のかすみなどの症状を生じる。

③自殺関連有害事象とアクチベーション症候群（シンドローム）

近年、抗うつ薬が青少年において自殺念慮や自傷・自殺企図を誘発するリスクを高める可能性が指摘されている（一％以下の頻度）。薬物との因果関係ははっきりしないが、抗うつ薬の投与初期に起こるアクチベーション症候群との関連が示唆されている。アクチベーション症候群は、不安・焦燥、不眠、敵意、衝動性、易刺激性、アカシジア、パニック発作、軽躁・躁状態など、中枢神経系の刺激症状を呈する。これらの症状は投与開始後の一カ月間内に生じやすいので、薬物療法開始時には慎重に経過観察する必要がある。

［文献］

1)中川栄二「発達障害に対する薬物治療の実態と問題点——小児自閉症症状の薬物療法調査から」、『教育と医学』二〇一二年十月号、二二—三〇頁
2)黒木俊秀「子どもの神経・精神疾患に対する薬の基礎知識」、『教育と医学』二〇一二年十月号、四—一二頁
3)黒木俊秀「スクールカウンセリングに役立つ精神疾患治療薬の基礎知識」、『臨床心理学』第一三巻五号、二〇一三年、六三三—六三七頁
4)岡田俊「子どもの精神科診断のfirst step——所見をどう得るか、どう読み解くか」、『精神科診断学』8、二〇一五年、九六—一〇四頁

（黒木俊秀）

おわりに

不登校やいじめ問題、ハラスメントの問題は、社会的文化的問題が根底にあります。また、教師と子どもとの関係、教師同士の関係、親子関係など、人間関係の問題でもあります。筆者は、教育関係者を対象に「いじめや不登校」「教師のストレス」、そして企業や公務員を対象には「ハラスメント防止やメンタルマネジメント」の研修会や講演会を行うことが多いのですが、そこでいつも次の二点をまとめとして話します。それをここに紹介します。

「自分がされていやなことは、人にはしない」
「自分がされてうれしかったことは、積極的に人にする」

非常に単純ですが、日常的に実践することはとても難しいことです。
日本の中学生・高校生は、諸外国と比較して「自尊感情が低い」と言われています。日本の教育現場はもとより、フィンランドやアメリカ合衆国、オーストラリアなどの学校に調査に行って、諸外国は「ほめる文化」であるのに対して、日本は「叱る文化」がベースにあるのではないかと痛感しました。体罰や虐待、ハラスメントも、叱る文化がそのベースにあるのではないでしょうか。「叱る文化」から「ほめる文化」の転換が、不登校対策の根幹であると考えます。今、喧伝されている「アクティブ・ラーニング」も、基盤に「ほめる文化」がなくては、うまくいかないでしょう。「間違えたら叱られる」「失敗したくない」「はずかしい」という気持ちがあれば、誰も自分の意見や考えを発表したくないからです。そして、学校での少しの失敗体験・叱責体験が、不登校の契機となることもあります。しかし、「失敗から学ぶこと」が多いのも事実です。不登校体験を糧として、社会で活躍している人も数多くいます。教師や親、そして社会が子どもたちを「見守る」「考える」、という視点がもっと必要でしょう。

さらに大きな問題として、学校の先生の多忙があります。日本の中学校の先生は世界一多忙であるとの調査結果も出ています。授業も生徒指導も部活も、すべて行わなければなりません。一方、欧米諸国の教員は授業に専念できるとともに、勤務時間・長期休暇も保障されています。もちろん、運動会や学習発表会などの特別活動や、教育の一環としての清掃や給食などには、日本の教育のよさもあります。運動会や修学旅行などの行事が、子どもにとって不登校および再登校のきっかけにもなります。ですから、先生の目配りはとても重要なのですが、多忙ゆえ、なかなかそれが難しい状況です。

日本の学校の特色を教員や保護者も再確認し、子どもたち一人ひとりが自立できるように支援していくことが、今、求められています。教育は、「教える」ことと「育て、育む」ことで成り立っています。教育のパラダイム転換によって、学力偏重へと再び回帰しているように思えてなりません。つまり、アクティブ・ラーニングとは正反対で、学力テストの結果だけで学校も教師も評価されている危機感によって、知識をどれだけ効率的に「教えるか」に力点が注がれていく傾向が強くなってきています。今まで以上に、自主性・主体性を「育て、育む」ことを意識し、教育に活かしていくことが求められていると思うのは私だけでしょうか。

本書は、教育学・臨床心理学・精神医学の専門家が、不登校の現状を読み解き、不登校をどのように理解し、具体的にどう対応すればよいのかを、今、不登校のことで悩んでいる保護者、学校の先生やSCの方々のために、できるだけわかりやすくまとめたものです。本書が、我が子への対応や、児童生徒への教育実践を振り返るきっかけとなり、子どもたちの「生きる力」となれば幸いです。

二〇一六年三月

増田健太郎

初出一覧

下記の初出をもとに、今回加筆・修正を行った。

●序　章

増田健太郎　書き下ろし

●第１章

1　滝川一廣「不登校という行動の意味」
（『教育と医学』2014年３月号）

2　大場信惠「臨床心理士の立場からみた不登校の今」
（『教育と医学』2010年11月号）

3　五十嵐哲也「不登校児童が示す兆候（サイン）」
（『教育と医学』2015年９月号）

4　加嶋文哉「不登校支援は親の心を聴くことから」
（『教育と医学』2015年９月号）

●第２章

1　小澤美代子「上手な登校刺激の与え方」
（『教育と医学』2015年９月号）

2　石川悦子「不登校へのスクールカウンセラーの関わり」
（『教育と医学』2015年９月号）

3　増田健太郎「変容するいじめ行動とその予防」
（『教育と医学』2013年３月号、４月号）

●第３章

1　山崎　透「不登校の子どもの身体症状」
（『教育と医学』2015年５月号）

2　田中英高「起立性調節障害を伴う不登校児への対応」
（『教育と医学』2015年５月号）

3　近藤直司・遠藤季哉「発達障害と不登校・ひきこもり」
（『教育と医学』2015年１月号）

4　黒木俊秀　書き下ろし

専門職のためのアセスメント技術を深めるハンドブック』（明石書店、2014年）、『不安障害の子どもたち』（編著、合同出版、2014年）など。

遠藤季哉（えんどう・としや）
関東医療少年院医務課長。専門は児童精神医学。香川医科大学卒業。東京都立梅ヶ丘病院、東京都立小児総合医療センター児童・思春期精神科などを経て現職。
著書に『子どもの強迫性障害　診断・治療ガイドライン』（分担執筆、星和書店、2013年）、『不安障害の子どもたち』（共著、合同出版、2014年）など。

●3章－4
黒木俊秀（くろき・としひで）
九州大学大学院人間環境学研究院教授。医学博士。専門は臨床精神医学、臨床心理学。教育と医学の会理事・編集委員。九州大学医学部卒業。佐賀医科大学講師、九州大学大学院医学研究院准教授、国立病院機構肥前精神医療センター臨床研究部長・医師養成研修センター長などを経て現職。
著書に『現代うつ病の臨床』（共編著、創元社、2009年）、『精神医学の羅針盤』（共著、篠原出版新社、2014年）、『発達障害の疑問に答える』（編著、慶應義塾大学出版会、2015年）など。

●３章－１

山崎　透（やまざき・とおる）

静岡県立こども病院こころの診療センター長。医学博士。専門は児童青年精神医学。山形大学医学部卒業。山形大学医学部精神医学教室、国立精神神経センター国府台病院、静岡県立こころの医療センター医療部長を経て現職。

著書に『ある少年の心の治療』（共訳、金剛出版、1997年）、『こどものうつハンドブック』（共著、診断と治療社、2007年）、『児童精神科の入院治療』（金剛出版、2010年）など。

●３章－２

田中英高（たなか・ひでたか）

OD低血圧クリニック田中院長。医学博士。専門は小児心身医学。大阪医科大学卒業。大阪医科大学小児科准教授を経て現職。日本小児心身医学会前理事長。2006年に同学会ODワーキンググループ代表として、小児科医向け「小児起立性調節障害診断・治療ガイドライン」を作成・発表。ODの研究・臨床とともに、教育現場への認知・理解に努める。

著書に『起立性調節障害の子どもの正しい理解と対応』（中央法規出版、2009年）、『起立性調節障害がよくわかる本』（監修、講談社、2013年）、『心身症の子どもたち』（合同出版、2014年）など。

●３章－３

近藤直司（こんどう・なおじ）

大正大学人間学部臨床心理学科教授。専門は児童青年精神医学、精神力動的精神医学。東海大学医学部卒業。山梨県立精神保健福祉センター所長、山梨県都留児童相談所所長、東京都立小児総合医療センター児童・思春期精神科部長を経て現職。

著書に『ひきこもりケースの家族援助』（編著、金剛出版、2001年）、『医療・保健・福祉・心理専門職のためのアセスメント技術を高めるハンドブック』（明石書店、2012年）、『医療・保健・福祉・心理

●1章－4

加嶋文哉（かしま・ふみや）

教育・不登校研究所「明日が見える」所長。不登校を考える親の会「星の会」代表。大分大学教育学部卒業。小学校教諭を32年間務め、2014年3月に退職し、研究所を大分県佐伯市に設立。

●2章－1

小澤美代子（おざわ・みよこ）

さくら教育研究所長。専門は教育相談（不登校）。東京教育大学教育学部心理学科卒業。筑波大学大学院教育研究科カウンセリングコース修了。高等学校教諭、千葉県子どもと親のサポートセンター次長兼教育相談部長、千葉大学大学院教授を経て現職。

著書に『上手な登校刺激の与え方』（ほんの森出版、2003年）、『〈タイプ別・段階別〉続　上手な登校刺激の与え方』（ほんの森出版、2006年）、『子どもの発達を考える』（監修、社会保険出版社、2008年）、『生徒指導提要』（分担執筆、文部科学省、2010年）など。

●2章－2

石川悦子（いしかわ・えつこ）

早稲田大学教育学部講師、障がい学生支援室学生支援コーディネーター。東京都公立学校スクールカウンセラー。一般社団法人東京臨床心理士会副会長。臨床心理士、特別支援教育士。専門は学校臨床心理学、教育心理学。奈良女子大学大学院人間文化研究科博士後期課程在学中。

著書に『移行期の心理学』（共編著、ブレーン出版、1998年）、『学校が求めるスクールカウンセラー』（共著、遠見書房、2013年）など。

執筆者紹介

※2016年３月現在。

●序章、２章－３

増田健太郎　編著者紹介を参照。

●１章－１

滝川一廣（たきかわ・かずひろ）

学習院大学文学部心理学科教授。精神科医。専門は精神医学、児童青年精神医学、精神療法。名古屋市立大学医学部卒業。愛知教育大学教授、大正大学教授などを経て現職。

著書に、『「こころ」の本質とは何か』（ちくま新書、2004年）、『「こころ」はどこで育つのか　発達障害を考える』（洋泉社新書、2012年）、『学校へ行く意味・休む意味』（日本図書センター、2012年）、『子どものそだちとその臨床』（日本評論社、2013年）など。

●１章－２

大場信惠（おおば・のぶえ）

九州大学大学院人間環境学研究院実践臨床心理学専攻教授。臨床心理士。専門は臨床心理学。九州大学大学院教育学研究科修士課程修了。寿栄会本間病院児童・思春期相談室長を経て現職。

著書に『教育動作法』（共著、学苑社、2003年）、『心理療法の見立てと介入をつなぐ工夫』（共著、金剛出版、2013年）など。

●１章－３

五十嵐哲也（いがらし・てつや）

愛知教育大学准教授。博士（教育学）。専門は学校心理学。筑波大学大学院博士課程教育学研究科学校教育学専攻修了。北海道情報大学講師、愛知教育大学講師を経て現職。（2016年４月より名古屋大学心の発達支援研究実践センター准教授）

著書に『学校で気になる子どものサイン』（共編著、少年写真新聞社、2012年）、『事例から学ぶ児童・生徒への指導と援助〈第２版〉』（共編著、ナカニシヤ出版、2015年）など。

編著者紹介

増田健太郎（ますだ　けんたろう）

九州大学大学院人間環境学研究院教授。臨床心理士。教育学博士。専門は臨床心理学、教育経営学。教育と医学の会理事・編集委員。

1959年福岡県生まれ。九州大学大学院人間環境学研究科博士課程単位取得満期退学。小学校教諭、九州共立大学助教授などを経て現職。自由学園アドバイザー、NPO法人九州大学こころとそだちの相談室室長も務める。

著書に『信頼を創造する公立学校の挑戦』（共編著、ぎょうせい、2007年）、『教師・ＳＣのための心理教育素材集』（監修、遠見書房、2015年）など。

<子どものこころと体シリーズ>
学校の先生・SCにも知ってほしい
不登校の子どもに何が必要か

2016年３月30日　初版第１刷発行
2024年３月21日　初版第４刷発行

編著者――――増田健太郎
発行者――――大野友寛
発行所――――慶應義塾大学出版会株式会社
〒108-8346　東京都港区三田2-19-30
TEL〔編集部〕03-3451-0931
〔営業部〕03-3451-3584〈ご注文〉
〔　〃　〕03-3451-6926
FAX〔営業部〕03-3451-3122
振替　00190-8-155497
https://www.keio-up.co.jp/
装　丁――――本永惠子
組　版――――株式会社キャップス
印刷・製本――中央精版印刷株式会社
カバー印刷――株式会社太平印刷社

Printed in Japan ISBN978-4-7664-2238-2